山东大学东北亚研究系列丛书项目资助

山东大学日本学研究论集

武　鹏　邢永凤　主编

山东大学出版社
SHANDONG UNIVERSITY PRESS
·济南·

图书在版编目(CIP)数据

山东大学日本学研究论集/武鹏,邢永凤主编.—济南 ：山东大学出版社,2020.12
ISBN 978-7-5607-6909-7

Ⅰ.①山… Ⅱ.①武… ②邢… Ⅲ.①日本—研究—文集 Ⅳ.①K313.07-53

中国版本图书馆 CIP 数据核字(2021)第 086514 号

策划编辑 唐 棣
责任编辑 唐 棣
文案编辑 张馨月
封面设计 杜 婕

出版发行 山东大学出版社
社　　址 山东省济南市山大南路 20 号
邮政编码 250100
发行热线 (0531)88363008
经　　销 新华书店
印　　刷 济南巨丰印刷有限公司
规　　格 720 毫米×1000 毫米 1/16
　　　　 9.75 印张 179 千字
版　　次 2020 年 12 月第 1 版
印　　次 2020 年 12 月第 1 次印刷
定　　价 42.00 元

总 序

东北亚作为一个地缘区域，包括中国、日本、朝鲜、韩国、俄罗斯、蒙古国六个国家。东北亚国家之间有着天然的链接与利益的紧密联系，在长期的历史相处与交往中，形成了独具特色的“东北亚情结”“东北亚文化”与“东北亚认同”。

历史上，中国与朝鲜半岛国家和日本曾书同文，结成了“汉字文化圈”，思想文化交流基础深厚，建立起了以中国为中心的地区秩序。

近代，作为东北亚中心国家的中国衰落；日本崛起并走向了帝国扩张道路，占领了朝鲜半岛，侵略中国，与俄国争夺地区霸权，原有的地区秩序崩塌。

现代，东北亚地区关系与格局又发生了重大的变化。第二次世界大战中，中苏美结成反法西斯同盟，日本战败并被美国占领。战后，苏美反目进行冷战，新中国诞生并与苏联交好，蒙古国加入苏联阵营，日本成为美国的盟国，朝鲜半岛一分为二，韩国成为美国的盟国，朝鲜加入苏联阵营，由此，东北亚陷入以冷战为背景的对抗格局。值得提及的是，二战后，由于美国直接介入东北亚事务，并且在日韩有驻军，在关系与利益界定上，东北亚中的美国因素变得非常重要。因此，论及东北亚，不能不提美国。

这种格局自20世纪60年代初开始发生变化。中苏关系破裂，进而成为敌对国家，中美建交并共同对抗苏联，中日实现邦交正常化，而朝鲜半岛的分裂与对抗仍在延续。冷战结束，东北亚地区关系与格局发生了新的变化。中俄实现了关系正常化并进一步确立了战略协作伙伴关系，中韩实现关系正常化，而朝鲜半岛出现新的对抗，特别是朝鲜发展核武器，使得地区安全关系复杂化，中国的迅速崛起，不仅使中美关系发生了转变，也对东北亚地区的综合关系产生了若干影响。引人注目的是，作为冷战产物的朝鲜半岛分裂格局并没有因为冷战结束而发生转变，而2018年开启的美朝对话、南北和解，虽然带来和解的希望，但能否为半岛带来真正的和平，东北亚地区能否构建基于长久和平的新机制，还有待观察。在世界上，像东北亚这样充满大变数的地区为数不多。

在发展上，东北亚是一个创造奇迹的地区。二战以后，日本经济获得快速恢复，在不长时间内跃升为世界第二大经济体；韩国实现经济起飞，进入发达国家行列；中国实施改革开放政策，经济腾飞，超越日本成为世界第二大经济体；而被安全同盟体系分割的中、日、韩三国，以开放的市场为平台，发展起了经济的紧密联系，并且建立了三国合作机制。事实上，东北亚地区的联系与合作发展起了多层次、多形式的机制，有官方的，也有民间的；有大区的，也有次区的；有经济的，也有社会文化的。

从教学与研究角度看，东北亚既是国别，也是区域，具有区域与国别的综合性和交叉性。区域与国别教学和研究本应是一个独立的学科，因为任何单一的学科都不能说清楚区域的问题、国别的问题以及区域与国别交叉的问题。区域与国别教学和研究，一则需要探究区域综合性问题，二则需要探究各国的特殊性问题，因此，区域与国别，二者既相互联系，又各有不同。从本源上说，国别是研究的基础，国别研究内容包罗万象，有经济、政治、社会、语言、文化，也有地理、资源、人口、科技等。区域作为国别存在的地缘和利益依托，涉及国家间的关系、区域秩序与治理。在当今时代，区域链接越来越紧密，所涉及的领域也越来越广。尽管东北亚没有建立起像欧盟那样的区域组织，但是发展和提升具有东北亚特色的区域机制与区域治理，具有越来越重要的现实意义，越来越具有紧迫性。

当然，东北亚不是一个封闭的地区，而一个是具有很强开放性与外向性的地区，这显著地表现在各国的对外关系、安全机制、经济关系的构建上，在许多方面，区内的联系甚至弱于区域外的联系。比如，在安全领域，至今没有一个区域性的机制；在经济领域，自贸区构建的重点在区域外，区内贸易、投资比重低于区域外比重；在区域观方面，公众与政治家的认同感基础并不牢固。因此，国别性是东北亚地区的显著特征。

2017 年，山东大学决定在威海校区建立东北亚学院。东北亚学院集教学与研究为一体，具备多学科配置，拥有从学士、硕士到博士学位的授予权，被确立为新兴交叉学科发展的试点单位。我们编撰这套《东北亚研究丛书》就是为了推动作为新兴交叉学科构建的东北亚教学与研究体系，也是为了让人们能够从不同领域、不同视角更深入地了解东北亚。

张蕴岭
中国社会科学院学部委员
山东大学特聘教授、东北亚学院学术委员会主任

前言

《山东大学日本学研究论集》的出版缘起于山东大学本科专业教育教学资源的共建共享。2018年伊始，山东大学提出“一校三地一体发展”战略，日语专业成为首批教育教学资源共建共享的专业。之后几年间，校区间日语专业师生的交流与互动频繁展开，教育资源的共建共享不断加强。随着教育资源共建的深入，科研交流与合作的需求也日益显现。相关教学研究人员顺势而为，决定以学术的方式总结并展望山大的日语教育与日本学研究，将研究成果集结出版的计划便提上日程。

该论集分为四个版块，分别对应“语言文学研究”“历史文化研究”“教学研究”与“政策研究”。“语言文学研究”收录了三位老师的研究成果。秦春芳老师通过对中国近代报纸翻译日本报纸过程中使用的日造汉字词的分析，考证了相关词汇使用的先后顺序，视角独特，研究深入。王彩芹老师通过对比研究斯宾塞《教育论》近代中日首译本译词，得到汉语和日语在19世纪80年代处于相对独立创造译词阶段的新颖观点。梁懿文老师从四个方面分析了夏目漱石在小说中塑造众多具有自我封闭式主体性的主人公的原因，论证细致，引据合理。“历史文化研究”收录了七位学者的研究成果。邢永凤老师通过对日朝笔谈文献的考察，探究了18世纪东亚医学世界发生的重要变化，课题研究新颖，论证过程严谨；仲光亮老师研究江户幕府时期日本对华观呈现出的矛盾现象，分析成因的同时，阐明了江户幕府时期的日本涉华行为的重要特征，研究以史为鉴，关照当下现实。邓凌志博士通过细致研究阿礼国的《大君之都》，揭示了服务于近代西方列强殖民扩张的“文明与野蛮对立”命题的虚伪性，研究兼具重要的历史与现实意义。马步云博士从明治维新前后福泽谕吉对政权的态度变化等方面，分析他的政治身份和政治立场，探明了其与政治的密切关系，层次清晰，论述深入。张雯老师和蔡超敏老师考察了宝志形象及其观音信仰东传日本的时间与过程，资料翔实，论证充分。李月珊老师梳理日本释奠与释菜仪节的历史变迁，考察了中日仪节文化的密切关系，文献丰富，考据细致。“教学研究”收录了王慧荣老师的研究成果。文章在分享慕课与在线开放课程建设经验的同时，总结并反思了如何在教学过程中更好地开展混合式教学改革，方法得当，成效明显。“政策研究”收录了高梓菁老师的研究成果。文章主要以北海道政府应对新冠肺炎疫情的政策措施为例，总结日本地方自治体在此次新冠肺炎疫情应对中的主要表现和特征，结构清晰，紧贴当下。

笔者2001年进入山大威海校区日语专业学习，是年恰好迎来山大建校100周年、威海校区成立17周年，作为“同龄人”与学校同呼吸、共命运，见证了校区的快速发展。后又在济南洪家楼校区与中心校区留下求学足迹，现已在威海校区日语专业工作十年有余。时光荏苒，20年已成回忆。值此建党100周年、建校120周年之际，能够有幸以编者身份出版此论集，一方面深感力所难胜而十分惭愧，愧于自身尚浅的资历与不足的学识；另一方面深知责任重大而无比惶恐，唯恐辜负师长的谆谆教导与同仁们的殷切期望。在此，谨向提供研究成果、给予充分信任与厚爱的诸位教授学者表达诚挚的敬意与谢意。同时感谢山东大学东北亚学院对出版的经费资助，感谢在出版过程中提供支持和帮助的山东大学出版社唐棣编辑、山东农业工程学院王潇老师及相关工作人员。该书若能总结并展望山大的日语教育与日本学研究，为120周年校庆献上一份薄礼，则是所望也。

最后，衷心祝愿山大的日语教育与日本学研究在新文科建设的引领下取得更加丰硕的成果，愿山大砥砺前行、不断突破自我，早日实现“双一流”建设由大到强的宏伟目标。

武　鹏

2020年12月

目　录

语言文学研究

历史文化研究

教 学 研 究

政 策 研 究

语言文学研究

《实学报》日语翻译报导的新汉字词

——与《日本国语大辞典》最早用例的比较

秦春芳

（山东大学外国语学院）

摘要：19 世纪末 20 世纪初，翻译日本书籍和创办报纸期刊等是清政府引进西方近代文明的重要方式，《实学报》是这一时期的期刊之一。在考察《实学报》中以日语新闻为来源的翻译报导的新汉字词时，确认相关词语在《日本国语大辞典》（第二版）及《日本国语大辞典》（精选版）中的记述内容是重要环节之一。关于"温室""铸铁管"等 30 个词语的调查结果显示：部分词形相同且语境意义也相同的一个词，其在翻译报导的来源，即明治时期的日语新闻中的记述要早于上述辞典中刊载的最早用例（26 个词）；还有部分词在上述辞典中没有关于最早用例的记述（4 个词）。本文指出这一事实，为辞典的例文订正和增补以及相关词汇的词源、使用变迁情况的记述提供参考信息。

关键词：新汉字词；日语报纸；《日本国语大辞典》；最早用例

在汉字文化圈中，中国在很长一段历史时期内是作为汉字文化、儒教文化的输出国和佛教文化的传播国家，发挥了重大作用。进入 19 世纪后，西学东渐，西方的近代文明逐渐向东方渗透。对新文明的接收不仅从物质方面改变了东方人的生活，也给我们的价值观等精神层面和语言领域带来了影响。幕府末期和明治时期的日本学者倾注了大量的心力来翻译和引入近代西方人文和自然科学的概念。在创造表达新概念的日语译词时，日本学者除了从汉语的古籍、白话小说、中国早期的汉译西学书籍等资料中进行借用以外，还通过置换既有词汇、音译造词、创造新词等方法,完善了近代此类新汉字词汇的体系。①

一、问题所在及本文目的

日本通过吸收西方近代文明实现了国家近代化的强国目标。进入19世纪后,清政府国力渐衰,在形势所迫和有识之士的推动下采取了通过日本引进西方近代文明的政策。翻译的书籍和报纸等是引进西方文明的主要媒介,《实学报》便是其中之一。笔者致力于通过调查《实学报》当中以日语新闻为来源的翻译报导,分析由此借入汉语的新汉字词及其使用情况。

作为展开研究的一个环节,笔者对从翻译报导中抽选出来的词在《日本国语大辞典》(第二版)②和《日本国语大辞典》(精选版)③当中的相关信息进行了确认,结果呈现出了如下两种情况:作为词形相同,并且语境意义也相同的同一个词,其在翻译报导的来源,即明治时期的日语新闻中的记述要早于《日国》及《日国》(精选版)中刊载的最早用例;该词在《日国》及《日国》(精选版)中没有关于最早用例的记述。

---

① 详见陳力衛「近代の辞書で調べる——漢語を中心に」『日本語学』、明治書院、1997年、第11巻13～21頁;高野繁男『近代漢語の研究——日本語の造語法・訳語法』、明治書院、2004年;真田治子「書評:高野繁男著〈近代漢語の研究——日本語の造語法・訳語法〉」『日本語の研究』、武蔵野書院、2007年、第3巻3号(『国語学』通巻230号)40～45頁等。关于近代日语新汉字词的研究,代表性成果有如下一系列的论文和著述:広田栄太郎『近代訳語考』、東京堂、1969年;佐藤亨『幕末・明治初期語彙の研究』、桜楓社、1986年;杉本つとむ『近代日本語の成立と発展』、八坂書房、1998年;森岡健二『改訂　近代語の成立　語彙編』、明治書院、1991年;沈国威『近代日中語彙交流史——新漢語の生成と受容』、笠間書院、1994年;荒川清秀『近代日中学術用語の形成と伝播　地理学用語を中心に』、白帝社、1997年;陳力衛『和製漢語の形成とその展開』、汲古書院、2001年;真田治子『近代日本語における学術用語の成立と定着』、絢文社、2002年;田島優「明治時代の漢語」『日本語学』、明治書院、2003年、第22巻第13号24～33頁;朱京偉『近代日中新語の創出と交流——人文科学と自然科学の専門語を中心に』、白帝社、2003年;沈国威:《近代中日词汇交流研究——汉字新词的创制、收容与共享》,北京:中华书局,2010年;朱京伟:《近代中日词汇交流的轨迹:清末报纸中的日语借词》,北京:商务印书馆,2019年等。

② 日本国語大辞典二版編集委員会・小学館国語辞典編纂部『日本国語大辞典』(第二版)、小学館、2000～2002年。以下简称为《日国》。

③ 小学館国語辞典編集部『日本国語大辞典』(精選版)、小学館、2006年。以下简称为《日国》(精选版)。

根据《日国》的出版序言，《日国》通过确切的文献追溯了从上代至今的日语历史，作为名副其实的国语大辞典，受到了日本国语国文学界以及各界的高度评价，在海外也成为了日语研究不可或缺的基本资料。根据“凡例”，该辞典刊载的用例句子不仅囊括了文学作品和所谓的国语资料，也广泛收录了各个领域的历史文献，文献时期涵盖了从上代至明治、大正、昭和的广泛区间。《日国》广泛收集用例的编辑方针由此可窥见一斑。另据《日国》的“凡例”，该辞典收录的出典和用例是相关词的意思和用法的最早用例。《日国》（精选版）的“序”中提到，该辞典收录了《日国》未刊载的约1500个词条，用例新增约5000个。

本文的目的在于指出明治时期报纸上的新汉字词的用例要早于《日国》及《日国》（精选版）刊载的最早用例这一事实。从结果上来讲，为《日国》今后的用例修正和增补提供候选，对相关词汇的词源及使用变迁情况的记述提供参考信息。

二、《实学报》和日语翻译报导栏

（一）《实学报》

甲午战争后，提倡维新的人士为了广泛宣传新思想，在全国各地创办学会，发行了《中外纪闻》《时务报》等众多期刊和报纸。这一时期的期刊和报纸开启了中国“民报勃兴”的先河，不仅与当时的学会成为一体，推动了有识之士的思想启蒙和解放，也对以后中国的社会、政治、文化、教育、出版产生了很大的影响。《实学报》（1897～1898）正是在这样的时代背景下出版的众多报刊之一。与同时期出版的众多报刊相比，《实学报》作为被调查对象有如下4个优点：

（1）同时期的其他报刊如《知新报》（1897～1901）、《国闻报》（1897～1900）等，更侧重于翻译西方的报纸等资料。而《实学报》的编辑方认为除了西方，日本也是近代文明的重要“输出国”，因此他们试图通过日本、日语来吸收新文明。

（2）《实学报》的翻译报导栏是以日本的报纸报导为新闻来源进行的翻译工作，由此可以推测，相比于其他报刊，在措辞方面更有可能直接受日语、特别是汉字书写的日语词汇的影响。

（3）翻译报导的出处非常明确。翻译报导的新闻来源，即新闻报导被刊登的日本报纸及其发行的年月日都有明确的记述，可以与原始报导进行比对。因此，可以获得更加精确的考察结果。

(4)在以日本的报纸报导为原始资料的中国报刊中，《实学报》应该是早期的资料。[①]

《实学报》是学术性刊物，“以讲求学问、考核名实为主义，博采通论，广译各报，内以上承三圣之绪，外以周知四国之为，故名实学报”[②]，收录与上谕、实学有关的文章，其他内容分为天学、地学、人学、物学的4个部类。在版面构成上，自始至终没有大的变化，基本由“实学平议、实学通论、谕旨、章奏汇编、英报辑译、东报辑译、法文书译、实学报馆文编”[③]等部分组成。《实学报》翻译刊载了世界形势和外语报导的信息，在中国的主要城市及海外发行，被知识分子以及受过一定程度教育的人士广泛阅读。

(二)日语翻译报导栏“东报辑译”“东报译补”

表1　日语翻译报导栏“东报辑译”“东报译补”及新闻来源

新闻来源：日本报纸 （五十音图顺序）	报导数量(篇)
《大阪朝日新闻》	35
《大阪朝日新报》	1
《大阪时事新报》	2
《大阪每日新闻》	8
《经济杂志》	1
《神户又新日报》	5
《时事新报》	33
《中外商业新报》	12
《中外商业报》	1

① 详见沈国威、内田慶市、熊月之、王揚宗『松下国際財団研究助成・研究成果報告書』、1998年。

② 中华书局编辑部：《实学报》(中国近代期刊汇刊)，北京：中华书局，1991年，第63页；汤志钧：《戊戌时期的学会和报刊》，台北：商务印书馆，1993年，第439页。

③ 参见《实学报》(中国近代期刊汇刊)诸册目录。

续表

新闻来源:日本报纸 (五十音图顺序)	报导数量(篇)
《东京经济杂志》	8
《东京电报》	3
《东京日日新闻》	23
《东京日日新报》	2
《东京日日报》	1
《日本银行半季报》	1
《日本报》	1
共计 16 种	共计 138 篇

上表根据《实学报》的翻译报导所标记的出处制作。其中,斜体《*大阪朝日新报*》《*中外商业报*》应该是《大阪朝日新闻》《中外商业新报》的笔误。因此,报纸的实际种类是 14 种。

《实学报》先后设置了"东报辑译""东报译补"两个专栏,把从日本获取的最新信息提供给读者。第九册开始出现"东报译补"栏,从"以餍阅报诸君之望"[①]的表述可见,这鲜明地反映了当时读者和社会的需求。《实学报》从 14 种日语报纸中抽选出 138 篇报导进行翻译和介绍。其中,以《大阪朝日新闻》《时事新报》《东京日日新闻》的报导为新闻来源的翻译报导有 92 篇,占报导总数的 66%。《实学报》之所以高度关注这三种报纸,是由于这三种报纸在日本的影响力强,还是由于翻译人员或者编辑方比较容易入手,还有必要对当时日本报界的具体情况进行考察以得结论。

另外,翻译报导的内容涉及经济、政治、外交、教育、交通、军事、贸易、矿产等多个领域,并且涵盖了世界各国的信息。由此可见编辑方试图通过饱含近代要素的日语报导引进近代文明,从而推动中国的近代化进程。

① 中华书局编辑部:《实学报》(中国近代期刊汇刊),北京:中华书局,1991 年,第 580 页。

三、明治时期报纸的记述与《日国》最早用例的比较

（一）调查对象词汇

现阶段，笔者从40篇《实学报》的日语翻译报导中整理汉字词时发现，其中有731个词既出现在了日语报纸中，也出现在了《实学报》的翻译报导中。对这些词在《日国》及《日国》（精选版）中记述内容的调查结果显示：有26个词在明治时期报纸上的相关内容比《日国》及《日国》（精选版）提供的最早用例还要早；有4个词作为明治时期的新概念词在两部辞典中刊载了词条，但没有提供用例。上述30个词出现在明治时期的报纸上，可见在一定程度上已经为大众认知。本文以这30个词为调查对象，具体罗列如下（五十音图顺序）。

●明治时期报纸的相关内容早于《日国》及《日国》（精选版）最早用例的词：26个

ア行：印刷物　温室

カ行：祸害　角形　上半期　寄赠　协商　极限　军部　训练　交涉　后任

サ行：死伤者　市民　纵贯　首相　主任者　署长　市立　精米所　染织

ハ行：拔剑　病院长　防风

ラ行：绿茶　联络

●《日国》《日国》（精选版）中只有词条，没有用例的词：4个

カ行：技监　玉茶

タ行：铸铁管　递信

（二）报纸记述内容与《日国》最早用例的比较

笔者调查了上述30个词在明治时期的报纸中的使用情况和在《日国》及《日国》（精选版）中的用例情况，分析了可否将两种语境中的词判断为同一个词的问题，从多个方面进行了比较和论证。

因篇幅限制，在此仅列出若干个典型的汉字词的相关信息。[①] 信息的排列顺序为：A. 辞典中与该词在报纸报导中语义相同的词条；B. 辞典中的最早用例；C. 明治时期报纸的内容。

●明治时期报纸的相关内容早于《日国》及《日国》(精选版)最早用例的词：

(1)温室

A. 词义：③植物を寒さから保護したり、開花、結実の促成や抑制を目的とした建物。ガラスやビニールで囲い、ふつう暖房装置を備える。明治初期に移入され、中期以後広まった。

B. 辞典中的最早用例：風俗画報一二七三号(1901)土木門

欧米諸国に於ける所謂温室(ヲンシツ)なるものが

C.《时事新报》(1897 年 9 月 26 日)的《台湾的植物》(上)报导中的内容：

若くは毒樹と云はれて無情の手に叩き折らるゝアヲサンゴの温室に養はれ自由自在に生長するなど

(2)极限

A. 词义：②物事の限度ぎりぎりの所。

B. 辞典中的最早用例：なよたけ(1946)〈加藤道夫〉第一幕

恋とは夢だ。…『夢』とは全き放心だ。その正しい極限では一切が虚無となる

C.《时事新报》(1897 年 9 月 26 日)的《台湾的植物(上)》报导中的内容：

其臺灣にあるものは此樹生育の最北方極限ならん乎

(3)军部

A. 词义：軍(陸・海・空軍)に所属する諸機関の総称。軍の当局。また、政府・民間に対する軍人勢力。

B. 辞典中的最早用例：統監府告示第七一号－明治四二年(1909)七月三一日・一条

軍部を廃し宮中に親衛府を置く

C.《大阪朝日新闻》(1897 年 9 月 16 日)的《日露协商》报导中的内容：

當初露国公使に對して軍人招聘の周旋を依頼したる軍部大臣閔種默

---

① 更多具体内容可参考秦春芳「〈実学報〉日本語翻訳記事の新漢字語——〈日本国語大辞典〉における初出用例との比較」『〈広島大学大学院教育学研究科紀要〉第二部(文化教育開発関連領域)56』、広島大学出版社、2007 年、第 241～250 頁。

を辭職せしめし以來軍部大臣を缺員として日露兩國公使より交渉の煩を避け

(4)训练

A. 词义:②軍隊や工場などでの実地教育の総称。また、軍事教練などの類。

B. 辞典中的最早用例:真空地帯(1952)〈野間宏〉六・一

彼は訓練に於ても学課に於ても、別によい成績をとろうとはしなかった

C.《大阪朝日新闻》(1897年9月16日)的《全权会合》报导中的内容:

露國政府の意見は韓兵訓練の權利は當然露國の占有する所にして

(5)交涉

A. 词义:①ある事柄を取り決めようとして、相手と話し合うこと。かけあうこと。かけあい。談判。

B. 辞典中的最早用例:露国に対する宣戦の詔勅―明治三七年(1904)二月一日

帝国が平和の交渉に依り求めむとしたる将来の保障

C.《大阪朝日新闻》(1897年9月19日)中《露清银行》报导中的内容:

曾て露都の同銀行本店と烏港上海兩支店との間に交渉する所ありて終に其議纏り愈支店を設置することヽなれるも

《大阪朝日新闻》(1897年9月16日)中《日露协商》报导中的内容:

日露兩國公使より交渉の煩を避け

●《日国》及《日国》(精选版)中只有词条,没有用例的词:

(1)铸铁管(ちゅうてつかん)

A. 词义:鋳鉄で造った管。水道・ガスなどの導管に用いられた。

C.《大阪朝日新闻》(1897年9月22日)的《造船工业》报导中的内容:

同社各礦山用鑄鐵管の製造千百六噸餘にして

(2)逓信

A. 词义:②郵便、電信などの事務。

C.《神户又新日报》(1897年8月21日)的《叙任及辞令》报导中的内容:

正四位勲二等工學博士　松本莊一郎

任鐵道作業局長官兼逓信省鐵道局長逓信技監

从以上7个词语的相关信息可以清楚看出,明治时期报纸中的相关内容

出现的年代要早于《日国》及《日国》(精选版)两部辞典提供的最早用例的年代,至于最早用例的年代可以提前几年,各个词的具体情况有所不同。通观作为调查对象的 30 个词,20 年以上的是 4 个,20 年以内 10 年以上的是6 个,10 年以内的是 16 个。另外,辞典中没有刊载用例的 4 个词,本文提供了其在明治时期报纸中的使用信息,可作为该词语在《日国》中最早用例的候选。

从对上述 30 个词的考察结果可知,在其进入汉语的过程中,《实学报》发挥了重要的媒介作用。这些词见诸明治时期的报纸,却没被《日国》作为用例收录,或许可以推测为这些词在当时还没有得到广泛的使用,因此在当时的文学作品当中出现的频率较低。另一方面,《实学报》的日语翻译报导积极地使用了日语报导中的新汉字词。由此可以说,这些词在当时的日本和中国的使用情况存在差异,本文呈现出了这一事实,通过调查如实翻译了日语报导的《实学报》翻译栏,以及翻译栏的新闻来源——明治时期的报纸,明确了存在比《日国》的最早用例更早的用例,窥见了当时日语的真实使用情况。

另,本文中涉及到的词语在通过《实学报》进入汉语后的具体使用情况如何,亦应纳入考察的范围内,但在本文中暂且不作详细阐述。

四、结语

进入近代以后,日本幕府末期和明治时期的学者创造了大量的新汉字词作为欧美新文明的译词。关于这类新词的借用关系,中国和日本的学者都表现出了浓厚的研究热情,也取得了诸多研究成果。

关于这些新汉字词的确立,日本在辞书方面的记述主要是以幕府末期和明治时期学者的著作为重要参考文献,《日国》的最早用例也有很多是从这些资料里选取的。《日国》的用例收集范围也包含了明治时期的报纸杂志等刊物,但其调查和收集的范围广度还有待加大。

本文从《实学报》的日语翻译报导中筛选出 30 个新汉字词作为调查对象,以同样的词义为前提,对这些新汉字词在对应的日本明治时期的报纸上的相关内容和其在《日国》及《日国》(精选版)中的最早用例进行了比较和考察,指出了一个重要事实:对于词形相同并且语境意义也相同的同一个词来说,其在明治时期的日语新闻中的记述要早于其在《日国》及《日国》(精选版)中刊载的最早用例。具体总结如下:

(1)有 26 个词在明治时期报纸中的使用语例要早于《日国》及《日国》(精选版)的最早用例。

(2)有 4 个词，在明治 30 年的日本报纸报导中都能找到其使用的例句，但在《日国》及《日国》(精选版)中却没有其刊载出处和使用的例句。

此外，针对韩国方面资料的类似研究显示，有 24 个词在明治时期报纸上的出现要早于其在《日国》的最早例句。① 本文以《实学报》为对象进行调查，更新或者补充了"温室""训练""铸铁管"等 30 个词语在《日国》及《日国》(精选版)的最早使用例句。这也正表明，除了福泽谕吉、西周、井上哲次郎等学者以外，当时报纸报导的执笔者也作为明治时期新汉字词的创造者或者使用者发挥了重要的作用。

关于词汇的研究，由于时间和精力等诸多限制，要顾及到所有的资料和文献极其困难。为了给使用者提供更加精确的信息，《日国》从 2002 年开始通过互联网尝试日本国语词典的首次"例句公开征集"。这如实地反映了辞书研究方面例句收集的困难之大。笔者的调研结果在一定程度上提供了良好的启示，即关于近代日语的研究，明治时期的报纸占据着重要的地位，有必要对此展开更细致的调查。

① 白南德「明治新漢語の初出文献について——韓国側の資料を契機として」『〈広島大学大学院教育学研究科紀要〉第二部（文化教育開発関連領域）55』、広島大学出版社、2006 年、第 259～266 頁。

斯宾塞《教育论》近代中日首译本译词对比研究

王彩芹

（山东大学东北亚学院）

摘要：中国教育家颜永京的《肄业要览》（1882）和日本学者尺振八的《斯氏教育论》（1880）分别是斯宾塞《教育论》（1860）一书的首个中译本和日译本。中日译本各自独立成书，且翻译时间接近，是对比研究中日近代新词、译词的绝佳素材。本论文从中日同形译词、中日非同形译词、未译词三方面考察了中日译本的91组译词。研究结果表明，日译本从数量上更大程度地对应了英文原词，译词也更多地保留在现代日语中；如今中日已然同形的词在中日译本中却是一套非同形词，数量远超同形译词。研究结果最终证实了一个论点：19世纪80年代左右汉语对日语的影响明显减弱，日本不需要再从中国借用词汇了，汉语和日语处于相对独立创造译词的阶段。

关键词：近代汉语；近代日语；译词

一、引言

（一）中日首译本《肄业要览》与《斯氏教育论》

赫伯特·斯宾塞（Herbert Spencer，1820～1903）是英国维多利亚时代的代表性文人，是公认的“社会达尔文主义之父”、英国社会学的奠基人，同时还与赫胥黎一起被视为19世纪英国最具科学教育思想的代表性人物。斯宾塞的著作《教育论》（*Education*）不仅推动了19世纪英国的科学教育发展，还成为世界上流传最广的教育论著之一，在出版后的20余年里被译成法文、德文、俄文、意大利文、匈牙利文、荷兰文、丹麦文、瑞典文、波西米亚文、希腊文、阿拉伯文、梵文、日文和中文，对近代各国的实学教育产生了重要影响。《教育论》（*Education*）中文版的首译本，准确地说是节译本，是颜永京1882年翻译出版的《肄业要览》;日文版的首译本是尺振八 1880 年翻译出版的《斯氏教育论》。

《教育论》(*Education*)由 4 篇评论文章辑录而成:《什么是最有价值的知识》《论智育》《论德育》《论体育》,1860 年首先在美国出版,一年后在英国出版。本论文依据的是 1861 年英国伦敦版。《什么是最有价值的知识》论证了科学知识的价值,是全书最重要的一章,也是斯宾塞重实用教育思想的集中体现。颜永京的《肄业要览》是该章的译本,独立成书。颜永京先在光绪七年嘉平月(1881 年农历 12 月)将部分内容发表在《格致汇编》上,后因杂志停刊未能连载,1882 年冬译稿交由美华书馆出版。日译本《斯氏教育论》是 *Education* 的完整译本,于 1880 年 4 月由文部省出版于东京。

《斯氏教育论》与《肄业要览》的出版时间非常接近且独立成书,是对比研究两国近代译词难得的第一手资料。更重要的是,有学者明确指出:相比早期汉语近代新词对日语的影响,19 世纪 80 年代左右这种影响已经明显减弱,日本似乎无需从中国借用词汇了,或者说中国已经无法满足日本在译词、新词方面的要求了。[①] 众所周知,此后的 19 世纪末 20 世纪初日语词反过来大量传入中国,对现代汉语影响颇深。因此,《斯氏教育论》和《肄业要览》的成书时期可以说非常特殊,是近代中日新词交流史上的转折期。本论文通过对比《斯氏教育论》和《肄业要览》中的译词,以具体的个案研究验证这一转折期,同时呈现出这段特殊时期的中日近代译词发展和交流情况。

(二)颜永京和《肄业要览》

颜永京(1836～1898)是中国近代教育领军人,西方文化的传播者,是中国传播西方心理学第一人。颜永京自幼就读于教会学校[②],不仅学习英文也受过良好的中国古典教育。1854 年颜永京离开上海赴美留学 8 年。1862 年回到上海后,在英国驻上海领事馆以及租借工部局担任翻译。1871 年颜永京成为牧师,同年在武汉协助创建了华中师范大学的前身“文华学堂”。1878 年颜永京返回上海后又参与筹建圣约翰书院,后任校长,培养了一批近代才俊。晚年为废止鸦片贸易奔走于美国各地演说,1898 年病逝于美国。

---

① 参见沈国威:《近代中日词汇交流研究——汉字新词的创制、收容与共享》,北京:中华书局,2010 年。

② 美国圣公会主教毕德尔(Bishop Boone)创办于上海。

颜永京著述不多,仅有两部译作传世,即《肄业要览》(1882)和《心灵学》(1889),但都意义非凡。[①] 本文要考察的《肄业要览》不仅是 *Education* 的中文首译本,也是斯宾塞著作在中国的首次翻译,同时还是近代中国人独立翻译的第一部人文类书籍,这说明近代中国人已具备了独立翻译英语书籍的能力和水平。

《肄业要览》出版后得到梁启超、徐维则、蔡元培等人一致好评,蔡元培还曾经劝导学生阅读该书[②],《肄业要览》也多次再版:《湘学报》本、《西政丛书》本、格致书室印本、湘省重刊版《肄业要览》、《质学丛书》本、《富强斋丛书续全集》本、《新辑各国政治艺学全书》本。此外,《肄业要览》还是云南武备学堂等新式学堂的教科书。[③] 益智书会也将该书列为教科书,高度评价了译文的质量,认为中国人需要认真研读。[④]《肄业要览》出版后 47 年,直到 1929 年科学家任鸿隽才完整翻译了 *Education*,译本名为《教育论》。

(三)尺振八和《斯氏教育论》

尺振八于 1839 年出生于江户的佐久间町,是日本著名的洋学家、教育学家。尺振八早年随杉田玄端学习荷兰语,后随中浜万次郎、西吉十郎学习英语。1861 年在西吉十郎的推荐下,成为幕府涉外翻译官。1863 年,以译员身份随幕府使欧团赴法国,翌年回国。1867 年,再次以译员身份随幕府使节团访美,同行的译员还有福泽谕吉和津田仙。1870 年,尺振八在江户创办了私塾——共立学舍,教授英文和汉文。当时,共立学舍与福泽谕吉创办的庆应义塾、中村正直的同人社以及近藤真琴的攻玉社等齐名。1872 年,被任命为大藏省翻译局局长并兼职英语教育工作。1886 年因患肺结核,病逝于热海。

尺振八同颜永京一样,一生著述不多,《斯氏教育论》是其唯一独立完成的作品。《斯氏教育论》在日本教育史上占有重要地位,它不仅是 *Education* 在日本的第一个译本,而且在翻译质量上也丝毫不逊于明治时期的其他译本。昭和时期的教育家海后宗臣曾在《斯氏教育论》的"解题"中评价道:明治

---

① 《心灵学》是中国第一部汉译心理学著作。

② 参见高叔平编:《蔡元培全集》,北京:中华书局,1984 年。

③ 参见王彩芹:《斯宾塞中译本〈肄业要览〉译词考》,《或问》2011 年第 21 期。

④ 参见王杨宗编:《近代科学在中国的传播》,济南:山东教育出版社,2007 年。

20年之前虽然*Education*在日本有4个译本，[①]但是《斯氏教育论》是其中最早的、也是流传最为广泛的一部。尺振八精通英语，在翻译时殚精竭虑、一丝不苟，遇到疑难问题直至写信求教于斯宾塞本人，因此译文非常出色，绝不逊于原文。作为译文典范，该书至今仍被作为文章翻译时的参考。[②]

二、《肄业要览》和《斯氏教育论》的同形译词[③]

《肄业要览》通篇无标点符号，译文类古文，内容有多处删节。《斯氏教育论》的文体是日本明治前期广泛用于公文、学术书籍中的“汉字カタカナ交じり文”（汉字片假名混合体），汉文训读感强，通篇只使用“读点”断句。

关于中日译本中译词的对比方法，笔者首先将英文原书和中日书籍数据化，整理了约93000词，然后依据英文原书的段落逐一划分中日译本的段落，再逐句进行比照。在剔除日常用语的基础上，本论文考察了91个英文原词的中日译词情况，其中中日同形译词数量极少，仅有如下9词：

Botanists、Chemistry、Geometrical、History、Mechanics、Microscope、Music、Business、Zoologist

植物学、化学、几何学、史学、重学、显微镜、音乐、事业、动物学

两译本同形译词基本源于此前的中日交流，例如“化学”一词源于中国近代杂志《六合丛谈》（1857～1858）[④]，该杂志出版后随即传入日本，并逐渐取代了日译词“舍密”，1870年前后“化学”一词已经成为中日汉字文化圈的同形词。其余译词在中日间的往来史尚待具体研究，但是如前所述，19世纪80年代以前汉语近代新词对日语影响较大，因此9个同形译词可能源自汉语，之后在中日文化交流过程中成为了中日同形译词。今后考证“动物学”等词的来源、中日交流史时，似乎可以遵循该研究思路，并将研究范围重点放在《斯氏教育论》和《肄业要览》成书之前。目前包括“化学”在内，9个同形译词的出处皆有迹可循，可以成为日后研究的重要参考。

---

① 四个译本分别是：尺振八《斯氏教育论》（1880）；小田贵雄《斯边锁氏教育论讲义》（1885）；矢野恒太郎《自由教育论》（1885）；有贺长雄《标注斯氏教育论》（1886）。1888年，松田周平将《斯氏教育论》再版于东京，可见其受欢迎程度。

② 参见[日]吉野作造等：《明治文化全集　第十卷教育篇》，东京：日本评论社，1928年。

③ 同形译词是指针对同一英文原词，中日译本给出的字形相同的译词。

④ 准确地说，《六合丛谈》并不是“化学”的首见书证，但是在推广和普及上具有重要作用。详见沈国威：《近代中日词汇交流研究》，北京：中华书局，2010年，第509～533页。

(1)《肄业要览》中的同形译词

罗存德的《英华字典》(1866～1869)代表了19世纪西人汉外辞典编纂的最高成就，但是由于其个人原因，字典没有在中国流通，反而流通于日本。尽管如此，该词典依然能够反映汉语当时的译词情况。字典中收入译词：显微镜、音乐、事业。其他译词，“植物学”“化学”“几何学”“重学”“动物学”分别首见于近代书籍：《植物学》(1858)、《六合丛谈》(1857～1858)、《总办机器制造局冯、郑上督抚宪禀·附酌拟广方言馆课程十条》、《奇器图说》(1634)、《中西关系略论》(1875)。

(2)《斯氏教育论》中的同形译词

《附音插图英和字汇》(1873)是日本明治初期英日字典中最杰出的一部，该辞典深受上述《英华字典》的影响。《附音插图英和字汇》中的“显微镜、音乐、事业”便出自《英华字典》。除此之外，《附音插图英和字汇》中还可见译词：植物学、化学、几何学、史学、重学、动物学。

三、《肄业要览》和《斯氏教育论》的非同形译词①

除了9组同形译词外，有42个(见表1)英文词在《肄业要览》和《斯氏教育论》中的译名各不相同，但是现在这些不同形的译名都已经统一了。译词的统一，透露出百年来中日语言交流的轨迹，更是中日文化交流成果的具体体现。

《肄业要览》和《斯氏教育论》中大量存在的非同形译词反映了一个事实：中日译本有一套完全不同的译词。换言之，即两书成立的19世纪80年代前后，日语和汉语处于相对独立创造译词的阶段，日语无需再从汉语中借用词汇了。

通过表1，还可以看到一个直观的现象：《肄业要览》的绝大多数译词现在都已弃用，而《斯氏教育论》中的译词更多地保留在现代日语中，其中一些译词已经成为今天的中日同形词，结合19世纪后日译词大规模进入汉语的事实，这些译词会成为日后研究的重要参考。

尽管中日译本尤其是中译本的译词多数已经消失了，但是我们不能忘记它们曾经存在过，这些词曾经也是文化的载体，是中日社会发展和交流的见证。限于篇幅，本研究只简述以下三组中日非同形译词的词源及中日语言交流等。

---

① 所谓非同形译词指中日译本对同一英文原词分别给出的字形不同的译词。

表 1　　《斯氏教育论》和《肄业要览》的非同形译词

Educaiton	《斯氏教育论》	现译(日)	《肄业要览》	现译(汉)
Ø(Telescope)	望遠鏡	望遠鏡	千里镜	望远镜
Acute	急性	急性	新病	急性
Aesthetics	技芸	美学	艺术/雅艺	美学
Agriculture	農業	農業	耕种	农业
Antiquary	考古学者	考古学者	博古者	考古学者
Art	技芸	芸術	雅艺	艺术
Artists	技芸家	芸術家	雅艺师/雅师/名师	艺术家
Astronomy	天文測量	天文学	天文学	天文学
Atomic	分子	原子	原质	原子
Biology	生理学	生物学	生命学/活物学	生物学
Chronic	慢性	慢性	宿疾	慢性
Citizen	国民	国民	民下	公民
Civilization	开明/开化/文明	文明	文化	文明
Compound	混合物	化合物	杂质物	化合物
Dictionary	文典	辞書	字谱	字典
Earth	大地	地球	地球	地球
Education	教育	教育	肄业	教育
Electricity	電気	電気(学)	电学	电学
Fossil	变石物/化石物	化石	遗物	化石
Geological	地质	地質(学)	地学	地质学
Heat	热论	熱学	火学	热学
Light	光论	光学	光学	光学
Linguist	語学者	語学者	方言学士	语言学家
Magnetism	磁石力	磁気学	磁气学	磁学
Mathematician	数学者	数学者	算学士	数学家
Mathematics	数学	数学	算学	数学
Memory	記憶	記憶	记心	记忆

续表

Educaiton	《斯氏教育论》	现译(日)	《肄业要览》	现译(汉)
Myopic	近眼者	近眼者	近视	近视
Naturalist	博物者	博物者	动物学士	博物学家
Philology	言语学	言語学	文字学	语言学
Philosopher	理学者	哲学者	穷理学士/博学者	哲学家
Philosophy	理学	哲学	穷理学	哲学
Physics	格物学/格致学	物理学	气质学/物学/力学	物理学
Psychology	心理学	心理学	心才学/心性学	心理学
Rhetoric	修辞	修辞(学)	辩才	修辞学
School	学校	学校	学塾	学校
Science	学術	科学	格致学	科学
Sociology	社会学	社会学	民景学/为民学	社会学
Telegraph	电信機	電信/電報	电报	电报
The old	老人	遠眼	远视	远视
Thermometer	寒暖計	寒暖計	寒暑表	温度计
Truth	真理	真理	实理	真理

(一)“学术”与“格致学”

【英】It depends on an adequate acquaintance with their physical, chemical, or vital properties, as the case may be; that is, it depends on Science.

【中】曰格致之學而已。蓋格致學專於考驗物之體質,物之生長,及物質之如何交感而化。

【英】And if already the loss from want of science is so frequent and so great, still greater and more fre-quent will it be to those who hereafter lack science.

【日】今日ニ至ル迄、学術ニ通ゼズシテ招キタル損失ノ、既ニ斯ノ如ク多ク、且大ナルヲ見レバ、後来学術ヲ知ラザル者ノ被ルベキ損失ハ、更ニ多ク且大ナル可シ、

比较中日译文可知,“学术”和“格致学”分别是“science”的日译词和汉译

词。在日本，中村正植大概是最早使用“学术”对译“science”的人[①]，这一对应关系出自中村正植在明治七年《明六杂志》第10号中刊载的文章。1877年西周明确使用“科学”一词指代“science”，1881年该词收录在字典《哲学字汇》中，之后“科学”一词逐渐被日本社会接受。

在中国，利玛窦、徐光启等人很早就用“格致”一词指代西方的自然科学，19世纪后西方自然科学更大规模地传入之后，“格致”一词普遍流行起来，格致诸书也大量出现，如《格致启蒙》《格致丛书》《格致略论》等，但仍多指“science”中的自然科学部分。[②] “格致学”一词基于“格致”而造，但是目前还没有学者指出该词的首见书证。《肄业要览》中的“格致学”不单指自然科学，而是广义概念上的“science”。1902年梁启超在《格致学格言考略》中仍将“格致学”的范围限定在自然科学上，并多处使用“科学”泛指各门学问。进入20世纪后日语的“科学”一词逐渐进入汉语词汇体系，最终完全取代了“格致学”。

（二）“社会学”与“民景学”“为民学”

【英】Yet one more science have we to note as bearing directly on industrial success—the Science of Society. Men who daily look at the state of the money-market.

【中】再上即民景學。凡商賈及製物廠，每日不得不察看市上銀錢之多寡。

【日】兹ニ又人生事業ノ成否ニ直接ノ関係ヲ有シ、吾輩ノ当ニ注意セザルベカラザル一科ノ学術アリ、社会学ナルモノ則是ナリ、今夫レ日々金銭通利ノ景況ヲ考ヘ、

【英】That men should understand the science of life, physical, mental, and social; and that they should understand all other science as a key to the science of life.

【中】凡目前之人，或千載以後之人，若欲行作有所準繩，終不得不參究度生之諸學。曰骸體學，曰心性學，曰為民學，更不得不讀各項格致學，因格致

---

① 沈国威指出西周《百学连环》中的“学术”应如此解释：“学”是science的译词，“术”是“art”的译词。参考沈国威：《严复与科学》，大阪：关西大学中国语教材研究会发行，2015年。

② 参见樊洪业：《从“格致”到“科学”》，《自然辨证法通讯》1988年第3期；王果明：《从“格致学”到“科学”》，《中州学刊》1990年第2期。

是之度生學啟步也。

【日】即チ体躯、心智及ビ交際上ニ関スル人生必要ノ学術ヲ研究シ、且之カ階梯タルベキ他ノ諸学術ヲ研究スルノ人生ニ緊要ナルハ、今日ニ在ルモ、亦千万歳ノ後ニ在ルモ、更ニ異ナルコトアラザルベシ、

据例文可知，"the science of society"和"the science of social"在中日译本中分别被翻译作"社会学"和"民景学/为民学"。

在西方，尽管19世纪前社会学的知识已经存在，但是"社会学"作为一门独立的学科发展较晚，19世纪早期奥古斯特·孔德(Auguste Comte，1798～1857)将其作为一门学科确立下来，并在1839年首次提出"sociologie"这一学问名称。除孔德外，斯宾塞也是社会学的重要奠基人。日本学者新明正道认为，19世纪30年代到60年代给予社会学体系性基础研究的只有孔德和斯宾塞，以此为契机社会学作为独立的一门学问被人们认同，社会学的名称也逐渐普及。换言之，19世纪60年代"Sociology"在西方还是一门新兴学问，仍然处于发展阶段。

在这样一个背景下，结束英美留学的外山正一，于1877年成为东京大学唯一的日本人教授，开始教授"社会学ノ原理"。日本学界普遍认为"社会学"一词是外山正一创造的。1886年，随着帝国大学令的颁布，"社会学"成为大学中独立的学科，"社会学"一词在日本完全普及。

通过考察《西学书目表》(1896)和《增版东西学书录》(1902)可知，在《肄业要览》出版之前应该没有社会学相关作品以及孔德和斯宾塞的翻译作品问世，加之"Sociology"在西方也还是一门新兴学科，因此笔者认为颜永京通过翻译斯宾塞的*Education*，可能是最早将社会学介绍到中国的人，并创造了译词"民景学""为民学"。19世纪末随着中日文化交流，日语的"社会学"一词随着《大东合邦新议》(1898)、《清议报》(1899)等报刊书籍的传播进入汉语，之后"社会学"一词便在汉语中落地生根。

(三)"心理学"与"心才学""心性学"

【英】In the absence of the generalizations of biology and psychology, rational interpretation of social phenomena is impossible.

【中】所謂引導之書即生命學心才學。

【日】故ニ生理学及ビ心理学ノ大綱ヲ了解スルニアラザレバ、社会ノ現像ノ由テ基ヅク所ノ原理ヲ、了解スルヲ得ベカラズ、

【英】And only when the artist understands these psychological principles and their various corollaries, can he work in harmony with them.

【中】今之擅雅藝者，果各有功力以求工之精粹，惟其功力無非從歷試而來，若究其理此等功力乃本於心才學。

【日】故ニ技芸家タル者ハ、此心理学上ノ原理ト、此原理ヨリ出デタル諸般ノ定理トヲ、適当ニ理会スルニ非ザレバ、決シテ此等ノ理ニ合ヒタル物ヲ作出スルヲ得ズ、

【英】That men should understand the science of life, physical, mental, and social; and that they should understand all other science as a key to the science of life.

【中】曰骸體學，曰心性學，曰為民學，更不得不讀各項格致學，因格致是度生學之啟步也。

【日】即チ体躯、心智及ビ交際上ニ関スル人生必要ノ学術ヲ研究シ、且之カ階梯タルベキ他ノ諸学術ヲ研究スルノ人生ニ緊要ナルハ、今日ニ在ルモ、亦千万歳ノ後ニ在ルモ、更ニ異ナルコトアラザルベシ、

《日本国語大辞典》(第二版)中认为"心理学"译词最早源于 1881 年的《哲学字彙》。据笔者考察，《哲学字彙》的词条是："mental philosophy 心理学"。西川泰夫曾认为应该将"mental philosophy"与"psychology"区别对待，但是却没有给出"psychology"对译"心理学"的最早用例。[①] 如此，尺振八可能是最早创造"心理学"一词，并将"心理学"明确对应"psychology"的人。明末入华传教士们也译著了多部关于心理学方面的书籍，有利玛窦《西国记法》(1595)，艾儒略《性学粗述》(1623)，毕方济《灵言蠡勺》(1624)。1866～1869 年，罗存德的《英华字典》中，已经收录"psychology"的译名"灵魂之学、魂学、灵魂之智"。阎书昌在一篇文章中指出在《肄业要览》中，颜永京首次将"psychology"翻译为"心才学"，这是目前所知该词在汉语中最早的翻译名称。[②] 这句话错误明显，应该说：使用"心才学"一词对译"psychology"是颜永京首创。然而，即使"psychology"在汉语中已有多个译词，但是最终仍在

① 参见[日]西川泰夫：《千叶县乡土史：近现代史的断面》，《放送大学研究年报》2008 年第 2 期。

② 参见阎书昌：《中国近代心理学史上的丁韪良及其〈性学举隅〉》，《心理学报》2011 年第 43 期。

19 世纪末 20 世纪初时被日语“心理学”取代。“心性学”待考。

四、《肄业要览》和《斯氏教育论》中的未译词

两个译本中的未译词，可以分为三种情况讨论。两书都没有给出译词的情况有 9 例：Abstract、Concrete、Culture、Dietetics、Ethology、Evolution、Operator、Vote、Supernatural。仅《斯氏教育论》没有译词的情况 2 例：Anatomy、Organic science。仅《肄业要览》没有译词的情况有 29 例（详见表 2），这一数量远多于前者。

表 2　　《斯氏教育论》独有译词（《肄业要览》中无对应译词）

Education	《斯氏教育论》
Book-keeping	簿记法
Bread	面包
Class	等级
Course	学科、课程
Curriculum	课程
Direct	直接
Election	选举
Feudal time	封建
Galaxy	天汉
Government	政府
Health	健康
Heraldry	纹章学
Indirect	间接
Individual	个人
Invention	新发明
Literature	文学、文艺
Objective	外物
Physiology	生理学
Political	政治
Religious	宗教
Shareholders	财主

续表

Education	《斯氏教育论》
Society	社会
Solar	太阳系
Subjective	内心、心思
Surgical	外科
Theologies	神学
Welfare	幸福
Nervous	神经
Parliament	国会

译本中没有给出译词不代表当时完全没有相应译词，这还与译者的个人局限性和翻译习惯有关，但是上述数字足以说明两点：(1)无论是中国还是日本都处于近代译词的发展完善阶段；(2)日语在近代译词储备方面优于汉语，这也是后来日译词可以进入汉语的客观条件之一。本节结合前述中日译本各自相对独立创造译词的研究结果，完全可以证实序言中提出的论点：19世纪80年代左右汉语对日语的影响明显减弱，日本无需从中国借用词汇了。

要特别提及"Anatomy、Organic science"在中日译本中的翻译情况。《斯氏教育论》中以词组对应原词，但是《肄业要览》中有明确的译名"体骨学、生物学"。虽然这种情况仅有两例，但是如同前述"民景学""心才学"一样，两词也体现了汉语的造词能力。

【英】In human anatomy alone, the quantity of detail is so great, that the young surgeon has commonly to get it up half-a-dozen times before he can permanently retain it. (§64)

【中】即如體骨學所論之骨節等事不知幾許多而且雜，初學醫者，熱讀之而仍忘，必須加工遞至六七次方能省憶。

【日】即チ唯人身解剖ノ一科中ニテモ、微細ニ渉リタル条目極テ許多ニシテ、外科ヲ学バントスル少年輩ハ、之ヲ反覆講習スル通常六七回ニ及ビ、始テ能ク之ヲ暗記スルニ至ル、

【英】Or if, before studying anatomy, a man set up as a surgical operator, we should wonder at his au-dacity and pity his patients. (§40)

【日】又人アリ未ダ解剖ノ術ヲ学ハズシテ、外科医ノ業ヲ開カバ、誰カ

其大胆ナルニ愕キ、其治療ヲ受タル患者ヲ憫憐セザランヤ、

【英】And when we pass to the organic sciences, the effort of memory required becomes still greater.（§64）

【中】若生物學，則愈可琢磨人之記心。

【日】又有機物ニ関スル学術ニ至テハ、其記憶力ヲ要スルコト更ニ多シ、

【英】and he also lacks those generalizations of the organic sciences, without which even descriptive so-ciology can give him but small aid.（§49）

【日】生機上ノ学術ヲ講究セザル時ハ、国民タルノ地位ニ立チテ、正シク己ヲ処スルノ道ヲ知ル能ハザルモノナルニ、今人ハ絶テ此最大緊要ノ学術ヲ学ハザルナリ、

五、结论

《教育论》(*Education*)一书举世闻名，对近代各国的实学教育都产生了深远的影响。《斯氏教育论》和《肄业要览》分别是《教育论》的首个日译本和汉译本，中日译本各自独立成书，且翻译时间接近，是对比研究中日近代新词、译词的绝佳素材。

本文从中日同形译词、中日非同形译词、未译词三方面探讨中日译本的译词，既从数量上综合分析了 91 组中日近代译词，又具体分析了个别中日新造译词。研究结果表明，无论是《斯氏教育论》还是《肄业要览》都还处于近代译词创制的发展阶段，但是日语已有译词的储备情况和发展程度明显好于汉语，这使《斯氏教育论》更大程度地对应了英文原词；相比《肄业要览》，《斯氏教育论》的译词也更多地保留在现代日语中。研究结果还表明，如今中日已然同形的词在《斯氏教育论》和《肄业要览》中却是一套非同形词，多达 40 余组词，数量远超只有 9 组的同形译词。这样的结果不仅彰显了当时中日各自的译词、造词能力，还证明了两译本成书之时中日译词交流相对较弱的现象。总而言之，本文最终证实了这样一个论点：19 世纪 80 年代前后汉语对日语的影响明显减弱，日本不需要再从中国借用词汇了，汉语和日语处于相对独立创造译词的阶段。

鉴于《斯氏教育论》和《肄业要览》成书时间的特殊性，本文所列译词对中日近代新词研究而言具有重要的参考价值和研究价值，这也是本研究的学术意义之一。

夏目漱石作品中自我封闭式主体成因探析

梁懿文

（山东大学东北亚学院）

摘要：日本近代作家夏目漱石的小说作品中塑造了众多具有自我封闭式主体性的主人公，自我封闭式主体的成因可从以下四个方面考察。第一，近代日本社会的“蛸壶”式结构；第二，日本民族的“依赖”文化心理；第三，“自由、独立、自我”的时代精神影响；第四，作家“弃儿”的自卑感、对人性的怀疑等个人因素的制约。种种因素的综合作用使得夏目漱石作品中的主人公始终封闭在一个“果壳”般的世界中。

关键词：夏目漱石；蛸壶；依赖；独立；自我封闭式主体

日本近代作家夏目漱石的小说作品中描写了众多具有封闭式主体性的主人公。封闭性，是夏目漱石作品人物主体性的一个鲜明的共同点。本文试从日本近代社会结构的规定、日本民族文化心理的熏陶、时代思想的影响以及作家个人因素的制约四个方面进行考察，探究漱石作品中自我封闭式主体的成因。

一、近代日本社会的“蛸壶”式结构

日本政治学家、思想史家丸山真男在《日本的思想》一书中，揭示了日本近代社会结构的实际状态——由大大小小的封闭的“蛸壶”（日本式捕捉章鱼的陶罐）式组织体构成。他提出了“蛸壶型”和“竹刷型”两种概念来比喻社会文化的不同存在类型。“竹刷就是用一节竹子将它的一端劈成很多细条，拿手作比喻，从手掌中分出手指，手指根都连在一起。这种类型的文化叫‘竹刷型’。‘蛸壶型’，照字面理解就是一个个蛸壶并排着互相没有联系的类型。”[①]丸山真男认为近代日本的学术、文化以及各种社会组织的形态不是

① ［日］丸山真男：《日本的思想》，宋益民、吴小林译，长春：吉林人民出版社，1991年，第92页。略有改动。

“竹刷型”，而是“蛸壶型”的。近代日本接受欧洲学术时，采取了分离化、专业化的形态，学者成为分离了的、单一学术的研究者，没有被一种共同的文化或知识联系起来。“由于知识分子没有共同的‘知识’基础，所以一开始就不存在知识阶层这种同质功能结合的阶层。”“明治以后，伴随着近代化的发展，近代的功能集团取代封建时代的传统的行会、‘讲’（一种会）、‘寄合’（即法会）等发展起来了。然而，这样的组织体不论在官厅、教育机关或产业工会，虽然程度有差别，但都存在各自变成一个闭锁的蛸壶的倾向。巨大的组织体内部像过去的藩一样，被分化割据。”①

各组织体变成一个个蛸壶后，便吞并其所属成员。由于成员被完全束缚起来，自发性、自主性受到极大的限制，他们相互之间自下而上地、自主地形成共同的语言、共同的判断标准的机会自然极其匮乏。日本的这种组织集团的“蛸壶化”现象经常被表达为封建性、家族主义。丸山认为这不单纯是封建性、家族主义等前近代遗物的体现，实际上是近代社会组织功能分化的同时表现为“蛸壶化”这种近代与前近代的矛盾性的结合。各集团将成员牢牢圈住的结果，必然形成组织的内部与外部即内圈、外圈的严格区分。由于“蛸壶化”还意味着无限细分化，蛸壶中间又可形成蛸壶，于是内圈与外圈也无限地层层细分化。每一个集团都有一种非常封闭的类似于团体精神的东西，组织越是近代化、巨型化，反而将人束缚得越紧，变得缺乏社会流动性，这深刻地反映了日本近代的特质。

从丸山真男的论述中可以看出，造成日本近代封闭的“蛸壶”式社会的原因，在于近代社会组织功能的分化，其结果表现出与前近代的封建性、家族主义的相似性。近代社会组织功能的分化，加重了日本原本具有的封建性、家族主义的倾向，各组织牢牢控制其内部成员，组织之间界限清晰、壁垒森严。组织内部又无限地层层细分化，形成一个个更小的封闭的“蛸壶”式组织体。

夏目漱石作品中的主人公，挣脱出一个“蛸壶”式组织体，而不加入另一个，成为孤立于一个个封闭的蛸壶之外的、一个人的“蛸壶”式组织体。如《其后》中的代助，他年过三十，既不成家，也不立业，倚赖父亲的家财自闭于自家的精神小世界（脱离社会的小蛸壶）中过着“高等游民”的生活。受过传统道德教育的他曾经为了对朋友的侠义心，在爱情与友情的矛盾中选择放弃爱

---

① ［日］丸山真男：《日本的思想》，宋益民、吴小林译，长春：吉林人民出版社，1991年，第97页。

情，成全友情。时过境迁，他发现当初他的牺牲并不值得。朋友已经变得堕落、无赖，自己心爱的人并不幸福。这刺激了他强烈的自我意识，并对自己当初的选择产生了疑问，这时他决定夺回所爱。可是，这意味着违背社会公认的伦理道德。毕竟，朋友和爱人已经结为合法夫妻。爱人决心脱离家庭投奔向他，两人就这样众叛亲离，小说至此戛然而止。《其后》的结局延续于后一部作品《门》中。主人公宗助和妻子阿米，作为不伦之恋的主角登场。他们被原来各自的"蛸壶"式组织体——学校、家庭驱逐，又没有得到新的"蛸壶"式组织体的接纳，离群索居，颠沛流离，生活得封闭又辛苦。《门》中是这样描述他们的生活的："除日常用品之外，两人几乎无须社会的存在。"[①]他们夫妻二人形成了一个封闭的"蛸壶"。然而，二人之间又心有隔阂。否则，宗助不会在心有苦恼时对阿米欲言又止，烦闷至极时留下阿米一人去禅寺参禅，阿米也不会瞒着宗助独自去算命占卜。于是，"蛸壶"式的小家庭中，夫妻二人又分化成两个小蛸壶。《心》中的K，作为寺院住持的次子，被送给医生作养子，可是他并不打算继承医生的家业，而是立志求道。真相大白之后生父和养父都与他断绝了关系。K经历了两次对于"蛸壶"式组织体的脱离。第一次，被送作养子，是从原生家庭这个"蛸壶"式组织体的脱离，之后他得到养父家——第二个"蛸壶"式组织体的接收。然而，在人生道路的选择上，他的自我意志与养父家这个"蛸壶"式组织体的意志产生了冲突和背离，因此他不得不离开第二个蛸壶。之后，他没有了可进入的第三个蛸壶，而是自成一个蛸壶，孤立奋斗。这时，他的同乡好友"先生"，以同为天涯沦落人的同情之感对他施以援手，并强行将他拉入自己的"蛸壶"(虽然是以跪地恳求的方式)——一个由房东夫人、小姐和自己构成的封闭式组织体。K被迫进入了第三个蛸壶，然而随着时间的流逝他发觉自己爱上了房东小姐，这使得他成为朋友的情敌。当K向"先生"倾吐心声之后，在友情和爱情、利他和利己之间，"先生"不像曾经的代助，他没有任何犹豫地选择了爱情，选择了利己。K受到"先生"毫不留情的打击，终因绝望而自杀，以死亡来脱离这第三个蛸壶。可是，他的死亡并没有将他的阴魂带走，良知尚未泯灭、忏悔愈发强烈的"先生"最终也随他而去。这个悲剧从一个侧面说明了日本"蛸壶"式组织体的强大约束力和排斥力。蛸壶具有极端的封闭性，组织体内部与外部界限森严，组织体对于内部成员具有强大的控制力，造成蛸壶内部成员对于被组织体抛弃

① [日]夏目漱石：《门》，高镝、钱剑锋译，大连：大连理工大学出版社，2014年，第420页。

的极端恐惧，也造成脱离了蛸壶的前成员的绝望。被封闭式小团体排斥于外，这种孤独之深，是日本式孤独特有的，也就不难理解为何日本人的从众心理如此强烈。

二、日本民族的"依赖"文化心理

日本精神分析家土居健郎在《日本人的心理结构》中，从心理学的角度，将日本人的"依赖"心理解读为社会结构的深层次原因。与丸山真男着眼于日本社会结构的封闭性相比，土居健郎更注重封闭组织体内部的依赖性。哲学家中村元研究比较东方人的思维方式而得出结论：日本思想的显著特点是极端重视封闭式的人际关系。他的分析与丸山真男的研究具有一致性，土居健郎对此也不否认，他认为日本式集团的封闭性是日本人"依赖"心理的一种表现形式[①]。"依赖"（甘え）是日语中一个特有的词汇，表达了彼此融为一体、互为依赖的感觉，它反映了日本人的一种特有的心理。"依赖"心理的原型是婴儿朦胧地觉察到自己与母亲的区别，渴望紧紧依附母亲的感情，即"依赖"在心理上否定母子分离的事实，促成母子间的一体感。[②] 土居健郎将其定义为："依赖是要否定人与人本应分离的事实，企图减轻分离痛苦的心理活动。"并指出，"依赖心理对日本人精神生活各个方面的影响之大，与没有'依赖'词语的民族显然是无法对比的。日本人为反映各种依赖心理创造出诸多相关的语词，打造了一个充满依赖氛围的世界。"[③]在"依赖心理与日本人的思维方式"一节中，土居健郎指出，"日本人认为只要他人不介入自己的圈内，那么他永远是他人，与自己所处的彼此依赖的社会毫无干系。从这个意义上讲，确实有其封闭性的一面，然而，从另一角度来看，这个社会又可以凭借相互依赖溶解分化他人，使之进入自己的圈内，所以又可以说彼此依赖性的社会具有极大的包容性。当然对那些否认依赖心理的局外人来说，是无法忍受这个反对突出个人、要求彼此协调、平均一致的世界的。因为在他们眼里这简直是一个封闭自锁、唯我独尊的独立王国。"[④]换言之，彼此依赖性社会的包容性只体现在自己圈子内部，圈子外部的局外人如果想要得到这种"包容"

---

① 参见[日]土居健郎：《日本人的心理结构》，阎小妹译，北京：商务印书馆，2012年，第109页。

② 参见[日]土居健郎：《日本人的心理结构》，阎小妹译，北京：商务印书馆，2012年，第51页。

③ [日]土居健郎：《日本人的心理结构》，阎小妹译，北京：商务印书馆，2012年，第51页。

④ [日]土居健郎：《日本人的心理结构》，阎小妹译，北京：商务印书馆，2012年，第53页。

的话，就要通过与圈内人的相互依赖被其“溶解分化”，才能有资格进入圈内而不被视作外人。这种圈内的包容性带有很大的局限性和狭隘性，它包容的只是“同己”，而对“异己”彻底排斥。“异己”只有变成“同己”才能得到圈内人的“包容”，获得“依赖”的资格。学者杨宁一指出：“集团意识中强烈的内外有别观念反映出对集团内部的依赖心理和对外部漠不关心、冷酷无情的心态。”①既然封闭的组织体对外部漠不关心、冷酷无情，那么在组织体内部的“依赖”就显得尤为重要。而如果在组织体内部的“依赖”无法顺利达成，个体就只能将自我封闭起来。

土居健郎应用“依赖”理论解读文学作品，取得了开创性的成果。其中，夏目漱石的作品是他主要的实践基地。他以“依赖”理论解读漱石作品，著有《漱石的心灵世界——漱石文学中“依赖”的研究》等著作。土居健郎认为神经质患者对人际关系过于敏感，频频显露猜疑、顾忌和拘泥，都是出自潜在的“依赖”心理。“这类患者处于一种想依赖却无法依赖的矛盾心理状态，他们心底蕴藏着的最根本的情绪是惶惶不安，由于始终摆脱不开这种情绪，整个生活为之所困扰。”②

如《过了春分》中的须永，他是父亲和女佣的私生子，生母生下他之后就去世了。没有孩子的养母将他领养回家，视如己出，用心呵护，母子之间的感情表面看来十分和睦，实际上，这份和睦之中潜藏着隐隐的不安。母亲和须永都害怕失去这份没有血缘的母子亲情。母亲一方面对须永隐瞒他出身的秘密，一方面竭力试图促成自己的亲生外甥女千代子和须永的婚事，以此加深联系纽带，弥补自己缺失的安全感。一郎也经常背着人反复研究自己与母亲的相似和不同。“哪怕是缺点，若是和母亲同时都有，我也非常高兴。纵然是长处，若母亲没有而我有，就会很不愉快。”③这反映出他希望母亲是生母，渴望一体感的强烈愿望。然而在潜意识中，须永对于向自己隐瞒真相的母亲又怀有无意识的敌意。④ 他的无意于就职、不答应与千代子的婚事，都是对母亲的反抗心理在作祟。缺乏一种真正完全托付内心的“依赖”对象，使得须永的内心对他人永远处于一种封闭和隔阂的状态。

---

① 杨宁一：《当代日本人的自我认识历程》，《学术界》2001年第2期。

② ［日］土居健郎：《日本人的心理结构》，阎小妹译，北京：商务印书馆，2012年，第75页。

③ ［日］夏目漱石：《春分之后》，赵德远译，上海：上海译文出版社，2013年，第282页。

④ 参见［日］土居健郎：《漱石的心灵世界——漱石文学中“依赖”的研究》，东京：角川书店，1982年，第103页。

《行人》中的一郎无法相信任何人。他怀疑妻子的忠贞，甚至让弟弟和妻子单独共处以试探其清白。其根源在于一郎无法建立良好的“依赖”关系，他不能和任何人融为一体。但他心底又有着“依赖”的需要，他总想抓住妻子的“灵魂”，还质问过友人 H：“你的心和我的心究竟相通到哪里？从哪里分开的？”[①]

在《心》中，主人公“先生”因受到一直信赖的叔父的欺骗而陷入对他人的怀疑之中，又因自己背叛朋友 K 导致其自杀而怀疑包括自己在内的人类总体的人性。对于人性的悲观和绝望，使他与世隔绝，一味诅咒自责，造成了他的自我封闭。这样的人当然不能放心地“依赖”别人、在与别人的一体感中得到归属感与安全感。

三、“自由、独立、自我”的现代精神的影响

1868 年日本政府开始实行明治维新，在政治、经济、军事、文化、教育等各个领域大力移植西方文明，自上而下地开展了大规模的“文明开化”的运动。在西力东渐的时代潮流之中，启蒙思想家福泽谕吉积极倡导日本国民的“独立”意识，强调国民的独立精神是国家独立的基石。福泽谕吉说：“所谓独立，就是自己支配自己，而没有依赖他人的思想。”[②]这是对于支配整个日本社会深层的“依赖”心理的否定。他把是否具有独立意识视为东西文化的根本差异之一，指出：“如果把东洋的儒教主义与西洋的文明主义加以比较，可知东洋所缺乏的是有形方面的数理学和无形方面的独立心这两点。”[③]丸山真男对此评价说：“他把独立自由的精神与数学物理学的形成作为欧洲文明的核心，这一点生动地说明了他对近代精神的结构具有透彻的洞察力。”[④]

关于独立、自由的精神，夏目漱石曾于 1914 年 11 月 25 日在学习院作了《我的个人主义》的演讲。他提倡“道义上的个人主义”，其内容主要包括三个方面：一是，欲使自己的个性得到发展，就必须同时尊重他人的个性；二是，欲行使自己所拥有的权力，就必须充分意识到随之而来的义务；三是，欲显示自己的财力，就必须尊重与之相伴的责任。个性、权力、金钱这三者背后，必须

① ［日］夏目漱石：《使者》，张正立译，上海：上海译文出版社，2013 年，第 357～358 页。

② 转引自刘岳兵：《日本近现代思想史》，北京：世界知识出版社，2010 年，第 72 页。

③ 转引自刘岳兵：《日本近现代思想史》，北京：世界知识出版社，2010 年，第 72 页。

④ ［日］丸山真男：《福泽谕吉与日本近代化》，区建英译，上海：学林出版社，1992 年，第 34 页。

要有积累了一定程度道德修养的人格作为支撑。他继而指出，秉持“道义上的个人主义”原则生活，不结党营私、党同伐异，会伴随着孤独和寂寞之感。《心》中的主人公“先生”对一个仰慕他的青年学生说：“往日跪在其人脚前的记忆，必使你下一步骑在其人头上。我之所以摒弃今天的尊敬，是为了明天不受侮辱；之所以忍耐今天的寂寞，是为了明天不忍耐更大的寂寞。生活在充满自由、独立、自我的现代的我们，作为代价恐怕人人都必须品尝这种寂寞。”[①]话语中充满了悲观的论调，隐含着与人交往必然要受到伤害的先入观念，最后一句将人性洞察融入时代观察之中。现代社会等级观念逐渐弱化，明治维新之后日本提倡“士、农、工、商”四民平等。漱石认为，现代社会中人与人之间的交往趋向于平等，违背平等的交往是不符合现代精神的，并且是要受到人性的报复的。

关于依赖与自由的关系，土居健郎将西方与日本作了比较，认为“在西方‘自由’是与人的基本权利和尊严相结合，受到尊重赞美的。同时，自由观念成为个人高于集团的一个依据”，而“日本式的自由观念不是基于个人超越集团”，“日本式的自由本是源自依赖心理”，“因为依赖意味着需要他人，要使个人依存于集团，所以不可能真正独立于集体”。[②] 因此，强调个人的西方自由观念传入日本之后，带来了个性解放、追求自由自主的新观念，这与以“依赖”心理为纽带的日本社会传统思想发生了严重的冲突。

在对作品《心》的研究中，土居健郎认为“依赖心理受到挫折或者发生纠葛时会引发各种精神方面的障碍，即使因恋爱、友情或师生情谊得到暂时满足，也绝不会就此罢休，这种满足只是一时的，终归会破灭。置身于‘自由、独立、充满自信的现代社会’，希求‘依赖’获得连带感只能是海市蜃楼般的一场空幻”，“如果人们想要挣脱这种幻灭的痛苦，就必须正视自己，心甘情愿地忍受人类与生俱来的孤独与寂寞”。[③] 他还指出，在现代社会中，日本人一直视为“理所当然”的、“纯真无邪”的“依赖”情感在西方价值观的参照之下显得“幼稚”。因此，人们尽量让自己显得独立起来，其实内心深处却不息地涌动着想要依赖的情感。但是现代社会却不允许人轻易依赖，“特别是明治维新

---

① ［日］夏目漱石：《心》，林少华译，北京：中国宇航出版社，2015 年，第 379 页。

② ［日］土居健郎：《漱石的心灵世界——漱石文学中“依赖”的研究》，东京：角川书店，1982 年，第 59 页。

③ ［日］土居健郎：《漱石的心灵世界——漱石文学中“依赖”的研究》，东京：角川书店，1982 年，第 185 页。

以后，社会上的人际关系与传统完全相悖”——“从注重共同体社会向追求利益的社会转变”。“今天的日本社会不像以前那样轻易地允许人们相互依赖，也许是随着社会的复杂化，人们要找到依赖的对象或学会怎样依赖比以前困难多了。”①人们不再能够感受到那种“心灵深处真挚的连带感”②，于是，漱石作品中“依赖”愿望受挫的主人公只好退缩回到自己内心的小世界里独自咀嚼孤独与寂寞。因为无法通过“依赖”与别人融为一体，只能自成孤立、封闭的个体。

四、作者“弃儿”的自卑感与对人性的怀疑

心理学认为，童年记忆对于一个人的影响极其深远，这种见解在文学界也得到广泛认可。英国艺术评论家赫伯特·里德总结了作家们记忆中反复出现的主题，他引用威廉·桑塞姆的说法——“童年记忆的闪现”，即“所有艺术的创造力都源于一种渴望：渴望唤起藏在童年遗忘的面纱后面的各种图像和强烈情感。”③阿德勒在《自卑与超越》中对童年记忆在人的一生占有的显著地位作了高度的评价：“第一，个体对自身和所处环境的基本评价都包含在内。它是个人对自己的外表，最初对自己或多或少的完整印象，以及别人对他的要求，第一次综合的结果。第二，它是他的主观出发点，也是他为自己编织自传的开始。”④

夏目漱石本名夏目金之助，出生于1867年2月9日。父亲名直克，母亲名千枝。父亲是东京都新宿区的一个管理11个町的名主，在漱石出生时家境已开始由盛转衰。夏目漱石作为五男三女的末子出生时，父亲已50岁，母亲42岁。由于父母的利己心和虚荣心，他一出生就被父母送到四谷乡下的一家旧货店作养子。养父母将他“同器具店的废旧货一起，搁在小小的笸箩

① ［日］土居健郎：《漱石的心灵世界——漱石文学中“依赖”的研究》，东京：角川书店，1982年，第164页。

② ［日］土居健郎：《漱石的心灵世界——漱石文学中“依赖”的研究》，东京：角川书店，1982年，第88页。

③ ［英］安德鲁·考恩：《写小说的艺术》，董韵、李菱译，戴凡校译，北京：中国人民大学出版社，2015年，第77页。

④ ［奥］阿尔弗雷德·阿德勒：《自卑与超越》，吴杰、郭本禹译，北京：中国人民大学出版社，2015年，第11～12页。

中，每晚在四谷大街的夜摊上摆出来”[1]。有一次姐姐偶然路过发现这一幕，心生怜悯，于是将他抱回了家。婴儿啼哭了一整夜，姐姐因此受到父亲严厉的训斥，由此可见漱石父亲的利己之心远胜过爱子之情。漱石九个月的时候，又被转送给盐原昌之助夫妇作养子，九岁时，因养父母离异而返回夏目家，但户籍未改。这种尴尬、孤独的处境反映在自传体小说《路边草》中：“健三既不能待在海里，也不能住在山上。两边把他推来推去，他只能在中间打转。”[2]在漱石 14 岁时，母亲去世了。21 岁时，户籍才从盐原家复归夏目家。而他之所以能够复籍，也是因为两位哥哥相继去世，为了家业的继承考虑，才得到父亲的允许。在《玻璃门内》中，漱石流露出对母亲的思慕与怀念，但他还是不得不承认：“我对于母亲的情况了解得很少，母亲没有给我留下什么过多的印象。”[3]父亲对于漱石的态度一直是苛刻的。在自传体小说《路边草》中，漱石借健三之口讲述，生父没有把他“当独立的人来对待”，甚至“把他当破烂货”。[4] 童年不被父母认可、多次被遗弃的经验在漱石幼小的心灵烙下深深的伤痕，无价值感、无归依感沉淀成内心深处的自卑感。以新精神分析学派霍妮的理论来看，幼年的漱石充满了“基本焦虑”。在不利于成长的因素影响下，儿童无法按照个人需要来发展，将导致他们缺乏归依感和集体主义精神，还会让他们产生莫名的恐惧和得不到安全保障的心理反应，这被霍妮称为“基本焦虑”。[5] 以土居健郎的“依赖”理论来解释，夏目漱石自幼就没有得到“依赖”的特权。父母不允许他称其为父母，而是令其以“爷爷”“奶奶”相称呼，他没有可靠的依赖对象。因此，漱石在人生早期的人际关系中没有体会到那种宝贵的“一体感”。幼年的“基本焦虑”延续到成年，夏目漱石始终难以建立对他者的信任。在妻子镜子口述、女婿松冈让笔录的《漱石的回忆》中，有漱石疑似被害妄想症发作的记录。对人性的怀疑纠结了其一生，促使他塑造了众多自卑多疑、忧郁孤独、封闭于自我小世界中的人物形象。主人公们只是封闭在一个狭窄的小天地里、深陷于自己内心的纠葛当中无法自

---

① [日]夏目漱石：《玻璃门内》，吴树文译，上海：上海文艺出版社，2012 年，第 160 页。

② [日]夏目漱石：《路边草》，魏雨译，北京：北京联合出版公司，2013 年，第 196 页。

③ [日]夏目漱石：《玻璃门内》，吴树文译，上海：上海文艺出版社，2012 年，第 183 页。

④ [日]夏目漱石：《路边草》，魏雨译，北京：北京联合出版公司，2013 年版，第 196 页。

⑤ [美]卡伦·霍妮：《自我的挣扎——神经官能症与人性的发展》，邱宏译，沈阳：万卷出版公司，2011 年，第 2 页。

拔。他们是一群自我封闭式的主体，被囿于一个莎士比亚形容的如同“果壳”[①]般的世界里，对于他们来说，这个“果壳”就是整个世界。

五、结语

夏目漱石作品中自我封闭式主体的形成，有着内在与外在的多方面原因。既有日本社会结构、民族文化心理特质的规定，又有时代赋予的影响，还有作家自身独特经历的投射。

从社会结构方面看，日本的各个组织体都存在变成各自封闭的“蛸壶”的倾向。这些组织体对外封闭，内部被分化割据。组织体内部又可分化成次级、再次级的组织体，不断分化下去，直至无法分化，最后剩下一个人的组织体，这一个人的组织体也具有封闭性，但除了自己之外已无人可依赖。漱石通过创作呈现出脱离了大组织体的小组织体当中一个人的封闭式组织体的孤独。

从社会文化心理来看，日本社会是一个崇尚“依赖”的社会。日本人有着很强的圈子意识，圈子里面是一个互相依赖的独立王国，圈子外面毫不相干，除非通过与圈内人的相互依赖被其“溶解分化”，才能有资格进入圈内。因此，当圈子里面的人由于一些原因无法敞开心扉依赖他人时，问题就会出现，从而产生彼此心存隔阂的封闭式主体。

从追求“自由、独立、自我”的现代精神来看，这种时代精神与日本社会原本崇尚的“依赖”心理发生了严重的冲突。现代日本社会不像以前那样轻易地允许人们相互依赖，随着社会的复杂化，人们要找到依赖的对象和方法比以前困难得多。于是，漱石作品中“依赖”愿望落空的主人公只好孤立、封闭自己，退回自己内心的小世界里独自咀嚼孤独与寂寞。

从创作主体来看，作家自身“弃儿”的经历使他对于人性的本质充满了怀疑，自卑感使他对于依赖别人心存疑虑，然而他的内心深处又渴望与他人的一体感。在封闭的“果壳”里渴望着与他人的联结，用思考的方式研究着幸福，却不肯迈出实质性的一步。作者的这种复杂纠葛的心情反映在作品当中，也促成了一个个自我封闭式主体的诞生。

---

① 引自莎士比亚戏剧《哈姆莱特》第二场中哈姆莱特的一句台词：“倘不是因为我有了一个噩梦，那么即使把我关在一个果壳里，我也会把自己当作一个拥有着无限空间的君王的。”（朱生豪译）

综上所述，日本近代的社会结构、日本民族的文化心理特质、近代精神的影响、作家自身独特经历的投射等内在与外在的多方面原因综合在一起，促使了夏目漱石作品中自我封闭式主体的形成。

（原载于《理论界》2016 年第 7 期）

历史文化研究

18 世纪日朝笔谈中的医学世界

——以《朝鲜笔谈》《桑韩笔语》为中心

邢永凤

（山东大学外国语学院）

摘要：日朝笔谈中的医学交流，内容相当丰富，更为有趣的是，除了以往研究中多被关注的中医文化之外，朝鲜的集医学之大成的《东医宝鉴》、荷兰医学、西洋医学也参与到了 18 世纪的日朝乃至东亚的世界的医学交流中。

作为集朝鲜医学之大成的《东医宝鉴》，在流入日本的过程中，不断被改印出版，成为日本医官的必读书，且以其为蓝本出版了许多日本的医学著作，无疑促进了日本医学的发展。

而另一方面，在与朝鲜通信使中的医官的笔谈中，日本医官野吕元丈"大西之法，胜唐法远矣"的论断，这在以中医交流为目的的日朝医学交流中的惊世之语，到底隐藏着怎样的事实？

通过考察我们发现，18 世纪的东亚医学交流中，不仅有东亚内部的"环流"，即中日朝之间的多向互动。同时不可忽视的是，西洋世界、西洋医学已经参与到东亚世界，并且对东亚世界产生了不小的影响。

关键词：日朝交流；医学；东医宝鉴；文化竞争

从 17 世纪江户开府之初至 1811 年，往来 200 多年的朝鲜通信使，成为日朝关系史上的友好象征，同时，日朝双方留存的众多行使录、唱和集、笔谈文献等，成为研究这一时期日朝关系史乃至东亚关系、东亚文化以及东西文化交流的重要史料。

关于朝鲜通信使，日本及朝鲜已经有着多年的研究历史，而国内研究才方兴未艾。在现有研究成果中，关于日朝两国文人、学士间的诗歌唱酬、著名人物间的问答，以及日朝的相互认识等，日本与韩国各有些先行研究，而关于日朝笔谈中医学方面的研究，还未引起足够的重视。[①]

实际上，日朝笔谈中的医学交流，内容相当丰富，包含了日朝多层信息。更为有趣的是，日朝的医学交流中，除了以往研究中所关注的中医文化之外，朝鲜的集医学大成的《东医宝鉴》、荷兰医学、西洋医学也参与到了18世纪的日朝乃至东亚的世界的医学交流中。面对荷兰医学、西方的文化与器物，日本与朝鲜各自的反应如何？反复出现在笔谈交流中的《东医宝鉴》，在日本流传状况如何？另外，在日朝笔谈交流中，日朝双方各自的文化心态又是怎样？这些问题似乎至今还未引起足够的关注。[②]

这些问题说明了近世的东亚医学交流中，不仅有东亚内部的"环流"，即中、日、朝之间的多向互动。同时不可忽视的是，来自外部的异质世界——西洋世界的西洋医学，已经参与到东亚世界，并对东亚世界产生了不小的影响。

本文以18世纪中叶朝鲜通信使与日本医者的笔谈文献《朝鲜笔谈》[③]、《桑韩笔语》[④]等文献为中心，考察那一时期日朝医学交流的实像以及其背后的社会动向、文化心态等问题。

一、《东医宝鉴》[⑤]在日本

在有关医学的笔谈文献中，《东医宝鉴》一词出现的频率极高，试举例之。

> 贵邦人许俊所著《东医宝鉴》我国既刊行焉。而有不可识者若干，左书之，愿示其形状[⑥]。

---

① 梁永宣教授关注到日朝交流中的医学交流问题，与其弟子发表了不少与此相关的研究成果。对前近代中医在日本传播以及在各自国家的应用等作了比较详实的分析，具有很大的参考价值。

② 关于《东医宝鉴》在日本的情况，请参照论文：貫井正之「東アジアの文化交流—許浚撰著『東医宝鑑』と日本の受容」『名古屋外国語大学外国語学部紀要』33号、2007年。

③ 《朝鲜笔谈》是延享年(1748年)朝鲜通信使的医官、医员与日本医官野吕元丈之间的对谈集，以写本形式流传，此次采用了内阁文库的藏本。

④ 《桑韩笔语》是宝历十四年(1764年)山田正珍、号图南的江户医官与朝鲜通信使一行的笔谈。由尚古堂于宝历甲申年春出版，此次采用了藏于日本东北大学狩野文库的版本。关于山田正珍的简介，请参见梁永宣《日本〈桑韩笔语〉中的日朝医学交流背景与内容》，《医古文知识》2005年第4期。

⑤ 关于《东医宝鉴》在中国的研究情况，不在此次的研究范围之内。具体请参阅黄英华、梁永宣《中国对东医宝鉴的认识与研究》，《中医文献杂志》2015年5月。

⑥ 山田正珍(図南)『桑韩笔语』宝历甲申春、尚古堂刻本。

《东医宝鉴》本草卷药品名题之上或有置唐一字者，不知何故耶。[1]

按《东医宝鉴》云，贵邦梓楸共有，今所在多有之耶。[2]

桔梗荠苨沙参，贵邦四时莳以为菜，见《东医宝鉴》，至今然耶。[3]

《东医宝鉴》贵国无枇杷云，今尚然耶，此邦盛熟，今方如此收核归国植之，则必生矣。[4]

在日朝医者的笔谈内容中，《东医宝鉴》所记载的有关植物、药品、医方等内容，无数次出现在笔谈中，几近成为日本医者的必问书籍，远高于对日本汉医产生重要影响的中医医典如《本草纲目》《素问灵枢》《伤寒杂病论》等。这一点值得我们注意。

《东医宝鉴》是朝鲜著名的医药学巨著。作者许浚（1546～1615 年），是朝鲜的著名医学家，官至国王御医，正三品，死后被追认为正一品辅国崇禄大夫。鉴于壬辰倭乱造成的朝鲜社会医书严重缺乏、百姓无医可就，宣祖于 1596 年命令内医院许浚等 3 人编纂医书，历经波折，在光海君的援助下，于 1610 年完成此书，1613 年光海君将此书命名为《东医宝鉴》，同年在朝鲜出版。《东医宝鉴》引用中国历代医书古籍 190 多种，以中文分类汇编为 25 卷的医书，其中目录 2 卷，正文 23 卷，书分为内景篇 4 卷，外形篇 4 卷，杂病篇 11 卷，汤液篇 3 卷及针灸篇 1 卷。

其具体内容正如李廷龟在《东医宝鉴》序言中所言："始自内景外形，分为杂病诸方，以至脉诀症论，药性治法，摄养要义，针石诸规，靡不毕具，井井不紊，即病者虽千百其候而补泻缓急，泛应曲当，盖不必远稽古籍，近搜旁门，惟当按类寻方，曾见叠出，对症投剂如符左契信，医家之宝鉴，济世之良法也。"[5]

可见，此书并非单纯的中医理论书，而是从多部中国医学典籍中摘录多种病症的成因、症候、治疗、方剂、药物、针灸以及经络学等内容，更重视实用性的具体方剂以及具体治病的临床经验[6]，被公认为朝鲜医学的最高成就。

① 山田正珍(図南)『桑韩笔语』宝历甲申春、尚古堂刻本。

② 野吕元丈『朝鲜筆談』内阁文库藏写本、卷上第 11 頁。

③ 野吕元丈『朝鲜筆談』内阁文库藏写本、卷上第 17 頁。

④ 野吕元丈『朝鲜筆談』内阁文库藏写本、卷下第 1 頁。

⑤ 李廷龟序，许浚：《东医宝鉴》，朝鲜内医院 1613 年初刻本。

⑥ 参见三木荣『朝鲜医学史と疾病史』自家出版、1963 年、第 184 頁。

日本关于《东医宝鉴》的最早记载，见于1636年朝鲜通信使与日本的笔谈文献《朝鲜人笔谈》中，朝鲜医官白士立与日本医官野间三竹（字静轩）的医事问答中。①

1663年（宽文三年）此书流传到日本。据田代和生的研究，幕府通过对马藩向朝鲜索要《东医宝鉴》的事情也屡有发生，仅1660～1690年间就达5次之多。②

幕府第九代将军德川吉宗对此书也非常渴望，1717年就令对马藩提供其所藏的《东医宝鉴》。据说，德川吉宗对朝鲜人参的索求与本地化生产，都与《东医宝鉴》有着密切的关系。1722年，出于济世救民以及发展日本医学的目的，德川吉宗下令由幕府出版发行《东医宝鉴》的日本版，1724年，《官刻订正东医宝鉴》正式出版发行，担任此次出版事业的幕府医师源元通在此书的跋文中写道：

> 谨承上命，大君亲政，法令整备，其教化遍行天下，台尤虑医事药物。（东医宝鉴）撰述历代诸贤之书，选出治例，归集方剂成二十五卷，此书实保民真心，医家秘宝。今大君决断刊行此书，实愿与乏藏书之医家，用于诊疗、全报疾苦民众之生死。系医业者，若深藏此书于胸中，用于治疗，奏其功效，民命当久矣。医家当爱人之命，寄仁与民。莫违大君之旨。若此庶民得大幸矣。③

可以看出，正是由于德川吉宗对医药、医书的重视④，此书才得以在日本出版，出版者也认为此书当为“医家秘宝”，是民之大幸。

《东医宝鉴》在日本的流传与出版，使得这部在当时集中、朝医学精华的中医宝库，在日本有着广泛的读者，这一点，通过与朝鲜通信使进行笔谈的医官无一例外都提到《东医宝鉴》一书的事实，足以证明。无疑，在18世纪的日本医家看来，《东医宝鉴》是他们的必读书目，关于中医药知识、验方等多从此

---

① 参见吉田忠「朝鮮通信使の医事問答」『東北大学日本文化研究所研究報告』24集、1998年。

② 参见田代和生『江戸時代における朝鮮薬材の調査研究』、慶應義塾大学出版会、1999年。

③ 源了通『訂正東医宝鑑』23跋文条。转引自贯井正之「東アジアの文化交流—許浚撰著『東医宝鑑』と日本の受容」『名古屋外国語大学外国語学部紀要』33号、2007年。

④ 德川吉宗重视医书的同时，也非常注重引进医生，此时期有不少中国医生被请到日本。

书获得。因此，在朝鲜的医官来日之际，各地医官甚至儒学者都寻找各种机会向朝鲜医官当面请教《东医宝鉴》的所记内容。其后，由日本医官编纂、以《东医宝鉴》为蓝本的医书不断问世。

幕府医官丹羽元机（字正伯、良峰）多次参加1748年朝鲜通信使笔谈，并著有笔谈录《两东笔语》3卷，他根据《东医宝鉴》一书，撰有《东医宝鉴汤液和名》2卷，朴方贯有《东医宝鉴汤液篇药名韩称》1卷，小田几五郎译《东医宝鉴汤液篇谚字和解》。另外，丹羽元以《东医宝鉴》为底本，出版了《观聚方要补》10卷，《救急选方》2卷。1730年，与朝鲜通信使多有笔谈且留下笔谈文献的医官林良以之子林良适与丹羽正伯共同编纂面向普通百姓、防病防灾的大众本《普及类方》。另外，1711年（正德元年），第八次通信使的良医奇斗文，与日本医官北尾春圃的笔谈记录《桑韩医谈》2卷，以及北尾的其他医书成为日本医师争相阅读的重要医学书籍。

《东医宝鉴》在日本流传如此之广，影响深远，这一方面源于《东医宝鉴》是集中国、朝鲜中医学之精华，又有着明显实用性特征，与《本草纲目》《素问》《伤寒杂病论》等中医名著一样，成为日本医官的必读书目。但《东医宝鉴》验方数量众多，这对重视实用性的日本医者而言，更具有利用价值，因此受到广泛欢迎。另一方面，这一时期德川吉宗的享保改革政策中的殖产兴业、本草的国产化政策等，对医药、药材、本草非常重视，也促进了与之相关的医学书籍的出版发行。《东医宝鉴》在日本流传过程中，催生出一些日本人编纂的医书，这种无疑促进了日本的医学发展。

二、"大西之法，胜于唐法远矣"

《朝鲜笔谈》的作者野吕元丈，在与通信使医官进行笔谈时，双方曾就两国的疾病治疗之法，进行过对谈。内容如下：

> 医员探玄：素问云，四方之病，治各不同，贵国之治何以为之耶？
>
> 元丈：素问异法方宜之论，是就本国九州方土以为说耳。非可遍行于天下万国之法也。自夫世界万国之广大视之，则支那亦一弹丸地而已。自其国视之，则吾邦亦有四方之治不同者，实不可据以为法矣。
>
> 此邦医治，有吾古昔传之法，又有依唐法者，汤药针灸从宜行之。若痈肿金疮外治之科多用大西之法，胜于唐法远矣。[1]

---

[1] 野呂元丈『朝鮮筆談』内阁文库藏写本、卷上第12頁。

在日朝的医学笔谈中，日本医官、儒者多是请教中医书籍、中医药物、一切以唐法或者朝鲜的《东医宝鉴》为医者所赖以存立之本。但是此次的笔谈中，却出现了“大西之法”。不仅如此，野吕还认为，外治之科中，“大西之法”还具有绝对的优势。这种全新的笔谈内容，让朝鲜医官无法作答。那作为江户医官，受德川吉宗之命与朝鲜医官进行笔谈的野吕元丈等日本医官，所言的“大西之法，胜于唐法远矣”的论断从何而来？

野吕元丈在与朝鲜人笔谈时，他自我介绍道：仆医官也，而学本草，故持来草木枝叶，欲问诸君见教。① 同时野吕元丈还有另外一个身份，他是江户最早学习荷兰语的人物。关于此，杉田玄白在其著名的《兰学事始》中这样写道：

> 然江户初学此者谁也，御医师野吕元丈、老御儒者青木文藏两人乘上命。据此两人志于学此。然仅从每春荷兰人礼拜时，滞留期间随其通事，无法深入学习，虽经数年，仅能书写其二十五字。但这便是江户学习荷兰的滥觞。②

由此可知，野吕元丈是日本江户最早学习荷兰语、最早接触西方的人物。时间约在1740年左右。另据荷兰商馆日志的记载，野吕元丈还多次前往位于江户的荷兰商馆“长崎屋”，与前来江户觐见将军的荷兰商馆人员进行笔谈。荷兰商馆1744年的日志中记载道：

> 午后，一名将军医师与两名儒者来访，他们携来药草之书，要求读与他们，通过通事今村源右卫门给他们进行了讲解说明。
>
> 上午，前天约好的医师与两名儒者来访并共进午餐，之后他们询问有关外科的问题，一直到夜里九点才离去。
>
> 整整一天忙于应付来访医师们的无聊的问题，他们傍晚方离去。③

据今村英明的研究，去拜访荷兰商馆长的是野吕元丈，与他同去的儒者是青木文藏。他携带的药草书籍是《草木志》。很明显，作为江户医官的野吕及青木，他们拜访荷兰人的根本目的在于荷兰的医学，草药之学、荷兰的外科医学是野吕他们最为关心的问题。在此过程中，野吕元丈获得了他所需要的

---

① 野呂元丈『朝鮮筆談』内阁文库藏写本、卷上第2頁。

② 杉田玄白『蘭学事始』社会思想社、1974年、第25頁。

③ 今村英明「野呂元丈と阿蘭陀通詞今村源右衛門明生」『洋学』14、2005年。

西医学知识。

另外，野吕元丈还与当时有名的荷兰语通事今村源右卫门明生有过密切的交往。[①] 多次拜访、交流之后，野吕元丈于1744年翻译完成了《阿兰陀本草和解》一书。同时，野吕元丈与荷兰商馆及荷兰通事的交流持续一二十年，且关系非常密切。1760年4月18日商馆长日志中记载到：

> 将军的儒者青木文藏与将军的医师野吕元丈，前来祝贺我们顺利完成了将军的谒见。我们给他们甜葡萄酒与蜜饯，他们非常满足地回去了。[②]
>
> 与荷兰人以及荷兰语同时长达近20年的交往中，野吕元丈不仅拥有了丰富的兰学、荷兰医学知识，同时使得他对世界的认识也发生了很大的变化。在与朝鲜医官的笔谈中，野吕元丈用“天下万国”“世界万国”的概念，使“中国中心”的世界观被解构。同时，野吕元丈还强调，在外科方面，中医的治疗方法远远不及“大西之法”。这也使得中医在日本的地位遭遇到来自异质世界的挑战。
>
> 纵观这一时期，日本与西欧世界的相遇，使得日本人对外部世界的认知发生了很大变化，如西川如见的《华夷通商考》《增补华夷通商考》的流通，使得海外知识广为普及，1713年新井白石的《西洋纪闻》《采览异言》等书，虽然没有公开发表，但也广泛流传，成为知识分子的必读书。[③] 新的地理知识、新的科学知识的涌入，使得日本人对外界的认识，尤其是对中国的认识，发生了巨大的变化。以杉山玄白为代表的兰学家，明确反对一直以来以中国为中心的世界认识。
>
> 腐儒庸医，从支那之书，视其国为中土，地本为一大球，万国配居与此，所居之处皆为中心，岂有中心之国，支那亦海东一隅小国矣。[④]

野吕元丈的世界认识与那一时期的国内形势有关，也更与其直接与荷兰人、与荷兰通事的交往有关。他对朝鲜通信使称外科方面“大西之法，胜唐法

① 据今村英明的研究发现，野吕与荷兰通事之间有3封信函，里面记述了野吕与今村的交往经过，荷兰通事今村源右卫门明生为野吕置办西洋药材、香料等具体过程。具体请参照今村英明「野呂元丈と阿蘭陀通詞今村源右衛門明生」(『洋学』14、2005年)。

② 今村英明「野呂元丈と阿蘭陀通詞今村源右衛門明生」『洋学』14、2005年、第95頁。

③ 宮崎道生『新井白石の世界』、吉川弘文館、1972年。

④ 杉田玄白『狂医之言』日本思想大系、岩波書店、1971年、第230頁。

远矣”的断言，正是他多年学习荷兰语、西方医学以及一直与荷兰人交往的结果所致。

另一方面，朝鲜医官对野吕元丈的这番关于“大西”的言论，没有任何反馈。是出于他们对西洋的一无所知？还是他们对异质文化的排斥？真相又如何？

事实上，朝鲜通信使与西洋的接触，是始于1631年的燕行使节郑斗源在山东半岛与在华传教士陆若翰的相遇。此后，很长一段时间，燕行使对在华的西方传教士表现出极大的兴趣，多次参观传教士在北京的教堂。① 洪大容、李德懋都在其燕行记录中对此有详细的记载。② 同时，燕行使在与中国人的笔谈中，也曾有遍求日本出版的医学书籍的记载。

> 余在漠北，问大理尹卿嘉铨曰：近世医书中，新有《经验方》，可以购去者乎？尹卿曰：“近世和国所刻《小儿经验方》最佳，此出西南海中荷兰院。又西洋《收露方》极精，然试之多不效。大约四方风气各异，古今人禀质不同，寻方诊药，又何异赵括之谈兵乎”……余既还燕，求荷兰《小儿方》及西洋《收露方》，俱不得。③

从以上记录可以看出，朝鲜通信使已经在中国搜寻西洋的书籍。但在来日的朝鲜良医与日本医官、儒者的笔谈中，没有表现出他们对日本医书的兴致。同时，对于野吕元丈所言的“远胜唐法”的西法，也没有丝毫的反应。这背后的原因耐人寻味。

另外，朝鲜通信使与日本的笔谈对象，有互相赠送礼品的习惯。尤其是朝鲜赠给日本人朝鲜药物几乎成为惯例，④朝鲜与日本之间的礼物交换主要是朝鲜的蜡药，以清心丸、苏合丸等为主，日方多是纸扇，也有药物如赤龙丹。但野吕元丈赠送给朝鲜通信使的却是西洋之物。且看以下笔谈内容：

> 元丈：此一玉壶阿（荷）兰人年来贡于东都葡萄酒也，仆每会于其客舍，讨论西洋产物，而遂所得也数勺，残酒诚不足助清兴，然其远方之物

---

① 参见葛兆光：《邻居家的陌生人——清朝中叶朝鲜使者眼中北京的西洋传教士》，《中国文化研究》2006夏之卷。

② 参见杨雨蕾：《朝鲜燕行使臣与西方传教士交往考述》，《世界历史》2006第5期。

③ 朴趾源：《热河日记》，第374～375页。

④ 关于几次医学笔谈中赠送的具体药物请参照李敏、黄华英、梁永宣：《18世纪日朝外交中的药物馈赠考述》，《中医药文化》2016年第1期。

携来劝之。葡萄美酒夜光杯，快饮一杯幸孔。

活菴：远方之酒极可贵也，仆不饮，爱其清香快饮一盅，胸海洒落不啻上池水。公莫非长桑君来饮秦越人者乎[①]。

这一段对话中，野吕元丈所言及的葡萄酒，与上述荷兰商馆日记中的内容“将军的儒者青木文藏与将军的医师野吕元丈，前来祝贺我们顺利完成了将军的谒见。我们给他们甜葡萄酒与蜜饯，他们非常满足地回去了”[②]完全一致。有趣的是，野吕元丈将荷兰人送与他们的葡萄酒又带到了笔谈现场，并与朝鲜医官共饮。除了与朝鲜人共饮西洋的葡萄酒之外，野吕元丈还将西洋的碧壶、玉杯一同赠与了朝鲜良医活菴。

活菴：昨日留置碧壶、玉杯，深谢厚意。

元丈：昨日留置杯、壶，褒奖过当，却以惭汗，虽是细物，西洋远产，聊呈之耳。[③]

对日本的所谓“西法”毫无兴趣的朝鲜良医、医官，对于野吕元丈所提供的西洋的美酒、西洋的其他特产表现出了极大的兴致。这又是如何理解？也许下面这段话，道出了他们的心声。

红毛《本草》，按图则是，观字则非，横行为书记，不直下，固不可读也。革饰表帙，异形殊类，惟应为奇玩焉耳。[④]

在以中医为宗的医官看来，西医只能算作“奇玩”而已。这在前述朴趾源与中国大理卿的会谈中，也有类似之感。大理卿否认了荷兰院的医方，而朝鲜医官对荷兰的医方、西法不作任何的评述，原因也盖于此。

三、结语

日朝笔谈文献中的医学笔谈，让我们看到了当时东亚世界丰富多彩的医学交流图景。《东医宝鉴》作为东亚文化中具有代表性的中医文化的缩影，是以中国的历代医书古籍为基础，经过韩国医家的编纂又成为韩国中医学的最高代表。《东医宝鉴》于 1613 年刊行后，初刻本藏于韩国首尔大学的奎章阁，

---

① 野吕元丈『朝鮮筆談』内阁文库藏写本、卷下第 6 頁。

② 今村英明「野呂元丈と阿蘭陀通詞今村源右衛門明生」『洋学』14、2005 年、95 頁。

③ 野吕元丈『朝鮮筆談』内阁文库藏写本、卷下第 15～16 頁。

④ 望月三英『医官玄稿』卷一、国立国会図書館デジタルコレクション。

之后在朝鲜(12种)、中国(16种)、日本(2种)等国有30多种不同刊本。可以看出,以《东医宝鉴》为载体的中医文化在东亚内部形成一个环流,这个环流中既有对传统医典的吸收与传承,又有本地化过程中的创新。日本吸收、接纳《东医宝鉴》的过程中,出版了前述的各种中医书籍,便是最好的证明。

同时,在考察他们笔谈的具体内容的同时,还应关注到另外一个层面的内容,那就是日朝笔谈时,双方医者的文化心态问题。[①]

在朝鲜医官看来,医学方面他们远超日本,从日本医官动辄寻求《东医宝鉴》所载内容的询问中,他们得到了极大的满足,从医谈的主要内容,也的确是朝鲜医官处于教、日本医官处于请求教的立场。所以,笔谈中朝鲜医官对日本医学的发展水平、医道等持批判态度较多。

而另一方面,日本医官野吕元丈在笔谈中,对中医经典《素问》内容的否定,对世界的全新诠释与认知,似乎要瓦解那一时期的中国世界中心论。这也体现在野吕元丈送与朝鲜医官的西洋礼物上。在此,产自西洋的葡萄酒也好,玉杯、玉壶也罢,完全有别于之前日朝之间的礼物。西洋物品所具有的价值,是否解放了日本人在朝鲜医学面前的弱势地位?它以有别于东亚世界固有的价值属性,巧妙地解构了中医药物的权威性。这抑或正是兰学学者的野吕元丈所追求的目标。

而在日朝笔谈的年代,日本的兰学正在蓬勃发展,之后诞生的兰学家、洋学家的世界认识明显发生了东西易位的格局,日本人追求西洋的脚步再也没有停息。

综上所述,日朝两国笔谈文献中的医学交流片段中,中医学的知识与具体的治疗实践,在东亚世界有着不可撼动的地位,但同时也已经隐藏着两国医者对于兰学、西学的不同态度与认知,也似乎在预言着两国在18世纪至19世纪不同的发展态势。这其中的悖论在于如何继承东方传统、辩证地应对"大西之法"、应对来自西方的挑战,这成为之后几个世纪东亚无法摆脱的命运。

① 葛兆光先生认为,日朝通信使的交流无论在政治上还是文化上,实际上是两国文化间的比赛与竞争。详细请参照葛兆光:《文化间的比赛——朝鲜赴日通信使文献的意义》,《中华文史论丛》2014年第2期。笔者也认为,在日朝之间,虽然也有充满友好的诗文唱酬,但根本上两国文人之间明里暗里的文化较量一直都存在。另一方面,这种文化比赛、文化较量中也有对传统文化的继承与创新的成分。

江户幕府时期日本对华观的矛盾现象

——以日本对清朝的军事情报活动为中心

仲光亮

（山东大学外国语学院）

摘要：江户幕府时期的日本，其对华观呈现出十分明显的矛盾现象：一方面贱视清朝，视清朝为“夷狄”，坚持拒绝与清朝通交的立场；另一方面，却又特别重视清朝，视清朝为日本主要的威胁。日本江户幕府虽然与清朝没有官方交往，但却利用其周邻外交和唐船贸易的信息渠道，在搜集清朝“三藩之乱”、乾隆帝南巡等政治情报的同时，尤其重视搜集舆地、军政、武备技术等清朝军事方面的情报。贱视清朝，主要是从文化心态层面出发的，江户幕府主政官员深受儒家“华夷观”的影响；重视清朝，则是从现实层面出发的，毕竟当时的日本国力较弱，并不具备与清朝抗衡的军事实力。如此看似矛盾的对华观，也正是江户幕府时期日本涉华行为的特征。

关键词：江户幕府；日本；清朝；华夷观；军事情报

1603年，德川家康任日本征夷大将军，在江户建立起幕府统治。1614年，德川幕府为消灭丰臣遗族，决定禁止天主教及其教徒活动。1636年，德川幕府开始实行“锁国令”，禁止日本商船从事海外贸易。另外，又将渡日的中国商船和荷兰商船贸易集中于长崎。1644年，清朝入关并逐渐建立起对全国的统治。对于统治中国的清朝，江户幕府则视为“华夷变态”[①]，视其为“夷狄”，始终拒绝与清朝开展政治往来。与此同时，江户幕府对于清朝的军政信息与情报的搜集，却给予了特别的重视。关于这一问题，

---

① ［日］林春胜：《华夷变态序》，［日］林春胜、林信笃编：《华夷变态》，东京：东方书店，1981年，第1页。

日本和中国学界已有所研究①，但却集中于“三藩之乱”、乾隆南巡等政治情报方面，而对更为关键的军事情报的问题，却未有专题探讨。为此，本文拟通过对江户幕府时期日本对清朝的军事情报活动进行细致考察，由此入手对日本当时一方面贱视清朝、另一方面却重视清朝这一矛盾的对华观现象，进行初步分析。

一、日本江户幕府的清朝观

清朝建立之初，就以中国传统的“朝贡”模式来构建以自己为中心的宗藩关系体系。1637 年，清太宗武力迫使朝鲜仁祖在南汉山城缔结城下之盟，同时敕谕朝鲜，“日本贸易，听尔如旧，但当导其使者来朝，朕亦将遣使与彼往来也”②。日本乃岛国，国力亦较朝鲜强大许多，这决定了身处明清对峙中的清朝无法以军事手段克服日本，出于维护自身政权安全与减轻统一大业阻力的目的，清朝欲以朝鲜为中介，通过和平手段将日本纳入其宗藩体制之下。然而朝鲜出于自身利益考虑，认为清日两国“绝不可通也”③，并未转告日本，不过 1638 年日本代表对马藩藩主宗义成还是通过釜山倭馆获知了此事。日本方面认为，“中原天子国彼虏小丑也……今使馆倭移接于（釜山）城中，多储器械则虽有意外之变，与贵国相机周旋，岂非上策乎”④。由此可见，日本视清朝为“虏”，非但毫无通交之意，更有联合朝鲜对抗之心。

1644 年，日本越前国人漂流至中国，清朝不但对他们实施救助和优待，摄政王多尔衮还专门接见他们。次年，清朝通过朝鲜送还日本漂流民，并要求朝鲜向日本转达顺治帝的敕谕：“今中外一统，四海为家。各国人民，皆朕

---

① 关于江户幕府的清朝情报研究，日本及欧美学者的代表性成果有：[日]浦廉一：《华夷变态解题——唐船风说书研究》，[日]林春胜、林信笃编：《华夷变态》卷首，第 1～76 页；[美]劳纳鲁德·托比：《近代日本的国家形成和外交》，[日]速水融译，东京：创文社，1991 年，第 95～135 页；[日]细谷良夫：《三藩之乱——吴三桂的反叛与杨起隆、朱三太子事件》，历史学研究会编：《战争与和平的中近世史》，东京：青木书店，2001 年，第 133～141 页；[日]松浦章：《由海外情报看东亚》，大阪：清文堂，2009 年。中国学者涉及此问题的代表性成果有：华立：《“唐船风说书”与流传在日本的乾隆南巡史料》，《清史研究》1997 年第 3 期；王勇、孙文：《〈华夷变态〉与清代史料》，《浙江大学学报》（人文社会科学版）2008 年第 1 期。

② 《清太宗实录》卷三十三，崇德二年正月戊辰条，北京：中华书局 1985 年影印。

③ [韩]国史编纂委员会编：《朝鲜仁祖大王实录》卷三十九，十七年七月丙辰朔条，汉城：探求堂 1982 年影印。

④ [韩]国史编纂委员会编：《朝鲜仁祖大王实录》卷四十，十八年五月乙未条。

赤子,务令得所,以广同仁,前有日本国民人一十三名,泛舟海中,漂泊至此,已敕所司,周给衣粮,但念其父母妻子远隔天涯,深用悯恻,兹命随使臣前往朝鲜,至日,尔可备船只转送还乡,仍移文宣示,使该国民共知朕意。”① 1646 年10 月,日本向朝鲜派出针对漂民事件的答谢使,但所携文书却称清朝为“鞑靼”②,全无赞美清朝之意。朝鲜代送漂民事件也使日本得出朝鲜“与鞑靼为一”的结论,认定“鞑靼已得北京,送此漂人,正欲夸大”③。1647 年,顺治帝颁诏海外:“东南海外琉球、安南、暹罗、日本诸国,附近闽浙,有慕投诚、纳款来朝者,地方官即为奏达,与朝鲜等国一体优待,用普怀柔。”④但日本对其“诏谕”未作任何回应。清朝统一台湾后,开放“海禁”,允许本国商民出海贸易。1685 年,福建总督王国安、靖海侯施琅受康熙帝之命派遣武官江君开、文官梁尔寿赴日贸易,江户幕府虽然允许了此次贸易,但要求二人转告清廷“此后勿再派遣官府之人”⑤。

上述数例,表明了日本江户幕府对清朝的贱视和拒绝通交立场。究其原因,约有三端:

一是江户幕府主政官员深受儒家华夷观的影响。满族原是中国东北地区一少数民族,日本以华夷标准定格其为“夷”,称之“鞑靼”“鞑虏”“奴儿部”“奴酋”。清朝定都北京时,幕府官员认为,“虏之贪戾,据燕京。自取之,不归”⑥,对清朝的不屑溢于言表。自古帝王君临天下,皆“中国”居内以治“夷狄”,“夷狄”居外以奉“中国”,“内华外夷”的秩序为包括日本在内的儒教世界共同信守。对于中国明清易代,日本视为“华夷变态”,“三藩之乱”爆发后,幕府官员更是发出“若夫有为夷变于华之态,则纵异方域,不亦快乎”⑦的感叹,期待中国“华”“夷”复归本位。在儒家华夷思想影响下,日本江户幕府贱视清朝,始终不能接受清朝坐居天下共主之位。理想中的“华”与现实间的矛盾促使整个东亚的华夷观走向多元化。在日本,即使大唐亦不如日本完美,唯有

---

① 《清世祖实录》卷二十一,顺治二年十一月己酉条,北京:中华书局 1986 年影印。

② [韩]国史编纂委员会编:《备边司誊录》,丙戌十一月初六日条,汉城:民族文化社 1982 年版。

③ [韩]国史编纂委员会编:《朝鲜仁祖大王实录》卷四十七,二十四年十一月辛亥条。

④ 《清世祖实录》卷三十,顺治四年二月癸未条。

⑤ [日]林春胜、林信笃编:《华夷变态》卷十,第 498 页。

⑥ [日]日野龙天编:《鹅峰林学士文集》上册,东京:鹈鹕出版社,1997 年,第 509 页。

⑦ [日]林春胜:《华夷变态序》,[日]林春胜、林信笃编:《华夷变态》,第 1 页。

日本才确实可称“中国之地”的思想顺势而生。[①] 日本开始以儒家先进文明的代表自居。

二是江户幕府受到明朝遗民及朝鲜力量的影响。清朝入关正值日本锁国之初，江户幕府对清朝的了解主要源自明朝遗民及朝鲜。明末清初，赴日华商大多来自广东、福建等南方地区，他们或直接隶属反清的郑氏集团，或受郑氏保护，抵日后自称“唐人”，并不认同自身的清人身份。换言之，此期的华商多为明朝遗民，他们对清朝带有一种与生俱来的偏见。明朝遗臣更是痛恨清朝，为匡复明室，不断赴日乞师、乞资，求援文书有曰：“蠢尔鞑虏乘机恣毒，羶污我陵庙，侵凌我境土，残害我生灵，迁移我重器，天怒人怨，恶贯满盈。”[②]竭尽侮辱言辞，极力渲染“鞑虏”残暴。他们对清朝的态度直接影响着江户幕府清朝观的形成。另外，朝鲜是日本的“通信国”，其对江户幕府的影响也不可忽视。满族政权两次入侵给朝鲜人心理上造成巨大的伤害：屈从于文化程度远远落后于自己的满族，这对尚文轻武的朝鲜来说一时无法接受；忠君事大思想在朝鲜社会中根深蒂固，放弃数百年的“事大事业”而转侍“蛮胡之群”，朝鲜人对此更是耿耿于怀。朝鲜蔑视、敌视清朝的态度也是影响江户幕府对清观形成的因素之一。

三是江户幕府也在一定程度上受到元日关系历史的影响。江户幕府视满族与蒙古同种，满族崛起使其想起四百年前曾经入侵日本的“元寇”。因清朝对日本的态度与“当年蒙古征服高丽并试图纳日本为藩国，当日本拒绝后，便发兵入侵”[③]的态度颇为相似，故而江户幕府害怕他们会像“元寇”那样给日本带来战争。另一方面，江户幕府又为祖先击败强大的元朝感到自豪，正如《通航一览》将清朝救助日本漂民解读为清对日本的畏惧[④]那样，江户幕府对清疑惧的同时亦心存蔑视。

二、江户幕府对清朝军事情报的搜集

日本江户幕府始终未与清朝开展政治往来，却一直视其为潜在威胁。出于国家安全考虑，日本江户幕府利用一切可能渠道积极搜集清朝军事情报。

---

① 参见朱谦之：《日本的朱子学》，北京：人民出版社，2000 年，第 161 页。

② [日]林春胜、林信笃编：《华夷变态》卷一，第 11 页。

③ [日]中村荣孝：《日鲜关系史研究》，东京：吉川弘文馆，1969 年，第 502 页。

④ 参见[日]林韑编：《通航一览》第六册，东京：国书刊行会，1913 年，第 117 页。

（一）对清朝舆地情报的搜集

国家舆地信息直接涉及领土安全问题，始终在国家之间军事情报搜集范围之内，江户幕府主要通过审讯日本归国漂民和问询赴日华商两条渠道获取清朝舆地情报。

江户幕府禁止国民渡航海外，漂流民的行动亦被视为违反幕府禁令。漂流民归国后，幕府皆会进行详细审讯。1644 年，上文所提之日本越前国人漂流至中国东北珲春，幸存者在当地官吏保护下来到盛京，后与清朝迁都队伍一起进入北京，1646 年，辗转朝鲜返回日本。返日后，国田兵右卫门、宇野与三郎作为漂流民代表被带至江户，接受幕府老中中根平十郎的讯问。讯问记录——《韃靼漂流记》中载有大量珲春至盛京、盛京至海、盛京至北京、北京至朝鲜都城间的交通信息。例如，其中对珲春至盛京的交通状况记曰："自日本人被杀害地方至韃靼都城，三十五日路程，全无耕田。一如日本，沿途皆为山路，间有高山"，"高山之外是长满苇子的山野，山间亦有开阔地。自出发地五日路程间，确无道路，尽须穿越茅草甸子。沿途无旅店，故多露宿山上"，"距都城三日路程的前方起，路旁方有百姓家"；关于盛京至北京的交通写道："道路颇为平坦，山亦有之"，"路宽七、八间至十间，修筑颇好"，"三十五、六日路程，其中，沿海路程约有一日。其间有小的河川，但皆不需渡船。北京前方曰通州，此处有河，宽约两町，筑有码头"。[①] 其中所记清朝舆地情报，既包括两地间的路程远近，又包括沿途山川、道路状况。此皆为日本漂流民在清朝的亲身经历，这对锁国的江户幕府而言，重要性毋庸置疑。

江户时代，赴日清人虽为商人，但其中亦不乏阅历丰富、知识渊博之人，问询赴日华商是江户幕府获得清朝舆地情报的另一渠道。1725 年，德川吉宗命荻生观拟定问目，通过长崎向清商朱佩章询问中国事情。朱佩章曾随下级军官薛谦若征战南北，屡立军功，"南至海洋十字门，北至张家口外，中华之地往来十省"[②]，成为江户幕府问询的理想对象。在被问及何处为防御日本要塞时，朱佩章曰："防御日本，有数处要地，山东、江南、浙江、福建沿海及岛

① 国田兵右卫门：《韃靼漂流记》，［日］石井民司编：《漂流奇谈集》卷首，东京：博文馆，1900 年，第1～12 页。

② 朱绅：《偶纪序》，［日］大庭修编：《关西大学东西学术研究所资料集刊九之三　享保时代的日中关系资料二》，京都：关西大学出版部，1995 年，第 3～4 页。

屿各处，设有备倭台，建立哨堡，构筑炮台，屯驻官兵”[①]；在被问及何处为中国防御外国侵略之重地时答道：“上海、崇明、舟山、厦门、台湾州、雷州极为重要，西北则数山海关、张家口、杀虎口、宁夏、甘肃等地”[②]；另在回答中国古今所传要害之地时，对清朝所辖之北京、盛京及其外十三省的重要府、县一一作了列举。[③] 因接受此番问询，朱佩章“蒙赏赐白镪”[④]。江户幕府针对清朝的风说调查分为两种类型：一是例行风说问询；二是专门风说调查。[⑤] 接受例行风说问询乃唐船入港长崎的必经环节，江户幕府并不支付任何酬报。与此相反，专门风说调查的针对性更强，幕府选择问询对象并赐予银钱以示褒奖。部分清商国防意识淡薄，江户幕府通过此种方式轻易获取了清朝舆地情报。

以上两种渠道的清朝舆地情报皆为语言情报，从情报内容上看，清商提供的情报更具系统性，情报视野较为开阔；漂流民情报多为漂流沿途的地理信息，带有一定局限性，但现地性极强。另一方面，此期中日贸易兴旺，这为江户幕府提供了随时根据所需进行问询的机会；而漂流事件不可预见，漂流民情报带有较强偶然性。

（二）对清朝军政情报的搜集

军政情报是国与国之间军事情报搜集的重点内容之一。清朝统一中国后，逐步建立起一个庞大的军事帝国，这引起江户幕府对清朝军政的关注。

中日长崎贸易中，除一般货品外，亦有中国书籍经不法清商之手流入日本。虽然在货物中所占比重极低，但江户时代确有大量中国书籍流播日本。唐船抵达长崎后，所载书籍须经书籍检查官——“书物改役”“书物目利”的严格审查后方准入境，江户幕府为了解中国对日本的看法，要求“书物改役”摘

---

① 朱佩章《清朝探事》，[日]大庭修编：《关西大学东西学术研究所资料集刊九之三　享保时代的日中关系资料二》，第113页。

② 朱佩章《清朝探事》，[日]大庭修编：《关西大学东西学术研究所资料集刊九之三　享保时代的日中关系资料二》，第115页。

③ 参见朱佩章《清朝探事》，[日]大庭修编：《关西大学东西学术研究所资料集刊九之三　享保时代的日中关系资料二》，第116页。

④ [日]荻俊仍：《和汉寄文》卷三，[日]大庭修编：《关西大学东西学术研究所资料集刊九之二　享保时代的日中关系资料一》，京都：关西大学出版部，1986年，第230页。

⑤ 参见牛建强：《从风说书看日本德川幕府对对清朝形势的关注》，《郑州大学学报》（哲学社会科学版），2008年第6期。

录中国书籍中有关日本的记载并上报江户。[1] 由此可见，中国书籍不但起到传播中国文化的作用，亦成为江户幕府获取清朝情报的情报源。

清朝法典性文献是江户幕府获取清朝军政情报的主要情报源。18 世纪 20 年代，德川吉宗以向清商订购的方式获得两部《大清会典》后[2]，随即组织深见有邻、荻生观、大学头林信充等幕府儒者展开深入研究。深见有邻，明末赴日中国人高寿觉之孙，对《会典》卷八十一至卷一百零八的兵部内容的大意作了整理，并汇集成册。[3] 荻生观，与室鸠巢并称吉宗两大智囊，所做工作尤为突出：通过对《会典》的研究，作"清朝官职目录"，使幕府对清朝在京武官及直隶、盛京、江南、江西、福建等各地所驻武官的官职名称、品级、俸禄、人数及兵力配备有了清晰的认识[4]；又作《大清会典兵部考》，对《会典》兵部内容或加注训点，或作解说，使幕府对清朝武选司、职方司的相关制度有了深入了解[5]；此外，亦另利用《集政备考》与《则例全书》，对清朝兵部与明朝兵部进行比较，不但详细论述了最具清朝军政特色的八旗制度，同时指明了"清朝武官亦有廕叙之事""清朝武举既有会试亦有殿试，胜者为武进士、武状元"等清朝军政与明朝军政的不同之处。[6] 参与研究的儒者汉学造诣颇高，这保证了所获情报的准确性。江户幕府通过此种方式，获得了完整的清朝军政情报。

（三）对清朝武备情报的搜集

武备乃军队战斗力的重要保障，日本江户幕府利用一切可能渠道展开了对包括马匹、武具在内的清朝武备情报的搜集活动。

冷兵器时代，马匹属国家武备的重要组成部分。1715 年，日本颁布"正德新例"，规定了以信牌进行贸易的新方式，江户幕府有效利用这种新的贸易方式，多次以"御用"名义命令长崎奉行购入清朝马匹及马具。1718 年，宁波船船头林达文因接受马具的订购，获得当年临时戊戌牌，成功将两套马具带

---

① 参见[日]大庭修：《江户时代中国典籍流播日本之研究》，戚印平、王勇等译，杭州：杭州大学出版社，1998 年，第 83 页。

② 参见[日]大庭修：《江户时代的日中秘话》，东京：东方书店，1980 年，第 131 页。

③ 参见[日]荻生观等：《名家丛书》，中册，京都：关西大学出版部影印，1981 年，第 458～480 页。

④ 参见[日]荻生观等：《名家丛书》，下册，京都：关西大学出版部影印，1982 年，第 385～511 页。

⑤ 参见[日]荻生观等：《名家丛书》，下册，京都：关西大学出版部影印，1982 年，第 513～527 页。

⑥ 参见[日]荻生观等：《名家丛书》，下册，京都：关西大学出版部影印，1982 年，第 231～233 页。

至日本后，又被授予庚子牌。[①] 1719 年，南京船船头伊韬吉因承接良马的订购，获得当年临时已亥牌；次年，其弟伊孚九搭载二匹清朝公马抵达日本，离日时不但取得了新增辛丑牌，而且得以领取褒奖银。[②] 唐船归国时，日方一般皆会授予次年信牌，授予当年信牌意味着给予一年两次赴日贸易的机会，此对清商而言，乃莫大恩典。增发临时信牌、授予褒奖银成为江户幕府诱使清商贩运马具、马匹的有效手段。"御用"名义亦使其军事情报活动更具隐蔽性，降低了情报提供者的警惕意识，提高了情报搜集的成功率。自 1722 年开始，幕府又将褒奖银的数额大幅提高，由日本银两枚增至 5 枚，有时为 7 枚，最高可达 10 枚。[③] 清商为利所驱，成为江户幕府搜集清朝军事情报的代理人。

清朝严禁马匹贩往境外，对江户幕府而言，购入清朝马匹并非易事。1723 年，丘永泰欲将将军所求之长毛马即"鞑靼马"牵渡日本，因清朝关卡严格盘查未能成功，隔年后的再次尝试亦因受人告发而失败。[④] 长崎受阻后，江户幕府并未放弃购入"鞑靼马"的计划。对马藩与松前藩同为江户幕府"四口"之一，整个江户期，宗氏和松前氏各自以家业形式承担幕府对朝鲜、虾夷事务，作为独自承担对外事务的保障，两藩亦各自赢得了与朝鲜、虾夷贸易的独占权。1725 年，幕府老中松平乘邑向对马藩江户留守居家老原宅右卫门下达了购入"鞑靼马"以作"御用"的命令："设法从朝鲜购入鞑靼之马献上，迟延无碍，一、二匹亦可。"[⑤]名为"御用"，"去势之马不可"的要求充分暴露了江户幕府欲借清朝马种改良外形矮小、战力不足的日本马匹并最终提高日本军马战斗力的目的。[⑥] 藩主宗义诚多次通过釜山倭馆与朝鲜交涉，1726 年

---

① 参见[日]古贺十二郎：《信牌方记录》，[日]大庭修编：《关西大学东西学术研究所资料集刊九之二　享保时代的日中关系资料一》，第 33、38 页。

② 参见[日]古贺十二郎：《信牌方记录》，[日]大庭修编：《关西大学东西学术研究所资料集刊九之二　享保时代的日中关系资料一》，第 39、46、49、50 页。

③ 参见[日]古贺十二郎：《信牌方记录》，[日]大庭修编：《关西大学东西学术研究所资料集刊九之二　享保时代的日中关系资料一》，第 60 页。

④ 参见[日]古贺十二郎：《信牌方记录》，[日]大庭修编：《关西大学东西学术研究所资料集刊九之二　享保时代的日中关系资料一》，第 63、70、75、83 页。

⑤ [日]佐伯弘次编：《分类纪事大纲Ⅰ——对马岛宗家文书资料集 1》，果川：国史编纂委员会，2005 年，第 64 页。

⑥ [日]佐伯弘次编：《分类纪事大纲Ⅰ——对马岛宗家文书资料集 1》，果川：国史编纂委员会，2005 年，第 75 页。

4 月，朝鲜倭学译官致书倭馆馆守曰："鞑马之求贸则绝不可为者也，鞑马本非我国土产，而在中国大宛，故即今清皇帝多聚其种以为战马，因令天下立法不得出送他国。"[①]朝鲜历来被纳入在中国朝贡体系之中，近世虽为日本"通信之国"，但始终对其怀抱防范之心，加之"鞑靼马"被清朝视为高级军事机密，对马藩的购马要求终为朝鲜所拒。同年 9 月，松平乘邑再就同一事项询问松前藩主松前邦广，两个月后，邦广告之曰："因松前与鞑靼间并无通路，鞑马之事难以承应。"[②]对马、松前两藩并未成为江户幕府获取清朝军事情报的有效渠道。购入"鞑靼马"的计划最终未能实现。

江户幕府输入清朝马匹的同时，积极搜集清朝武具情报。1722 年10 月，幕府腰物奉行三宅弥一郎因"御用"之故，招萨摩藩江户留守居家老佐久间九右卫门登城，称"幕府于长崎调查大清之官服、平服、铠甲、兵器事，然将军认为，相异之处或有之"[③]。长崎作为锁国时代日本唯一的对中通商口岸，是江户幕府搜集清朝军事情报的首选之地。清朝原则上禁止商船搭载武器，为保障海上航行安全，1728 年后方允许赴东洋、南洋贸易的船只配备少量防御性武器。清商所能提供的武具信息，因受其自身军事认识水平制约，不可避免地带有模糊性和片面性。鉴于此，幕府向萨摩藩提出了经由琉球王国搜集相关情报的要求："清朝若有类似日本《训蒙图汇》般附有该国武器、官服绘图的书籍，务必设法求之；如无此类书物，命琉球人据其北京所见，将各级官员之官服绘制成图，素日便服，若有等级之分，亦须如此；清人之铠甲、戈、战刀等武器的制法及着铠甲之清人模样，亦命琉球人依其所见绘制。"[④]琉球与朝鲜同为江户日本"通信之国"。整个江户时期，萨摩藩主岛津氏因 1609 年"征服"琉球之功，遂以家业的形式承担幕府对琉球事务。萨摩藩接到命令后，随即展开搜集活动：在琉球在番亲方[⑤]协力之下，不久后便获得了附有清朝官

---

① [日]佐伯弘次编：《分类纪事大纲Ⅰ——对马岛宗家文书资料集 1》，果川：国史编纂委员会，2005 年，第 78 页。

② [日]松前町史编集室编：《松前町史　史料编》卷一，北海道：松前町教委，1974 年，第 78～79 页。

③ [日]鹿儿岛县维新史料编辑所编：《鹿儿岛县史料　旧记杂录追录 3》1485 号，东京：严南堂书店，1973 年，第 593 页。

④ [日]鹿儿岛县维新史料编辑所编：《鹿儿岛县史料　旧记杂录追录 3》1485 号，东京：严南堂书店，1973 年，第 593 页。

⑤ 琉球于鹿儿岛设置琉球假屋，每年派遣亲方级官员常驻，负责萨琉间的联络。

服绘图的书籍；1723年4月，萨摩家老岛津将监致书琉球在番奉行[①]种子岛弹正，命其令赴清琉球人现地调查有无详解清朝武具方面的书籍[②]。萨摩藩为显示其在幕府外交体系中的重要地位，积极应幕府之需经由琉球搜集清朝军事情报。

清朝时期，琉球每两年遣使清朝朝贡，使团归国之年，复派接贡船入清，即事实上每年皆有琉球船只往来清琉之间，两国交往密切。历时数月、途径数千里的赴京之旅为琉球贡使提供了全面、深入了解清朝的机会。1719年，萨摩藩主岛津吉贵应幕府将军之命，向琉球参府使节中有赴清经验者询问清朝情形，并向幕府老中户田山城守忠真提交了一份中国见闻报告。据大庭修的观点，此报告内容杂乱无章、毫无关联，重要所在是其第一条所示信息，即就中国的法律处置问题，呈上琉球人在中国刊刻的《六谕衍义》一书。[③] 但从情报学角度来看，报告书为江户幕府提供了大量清朝武备情报。报告书共三十四条，其中第五条、第九条、第十四条、第十九条、第二十一条、第二十二条、第三十三条共计七条为清朝武备情报，涉及武器、军需物出产等多个方面。如第二十一条云："火铳较日本火铳长，弓乃短弓"；第二十二条云："铠甲之铁，厚如杉原纸，链条联之，上以布裹，亦有填塞厚棉以纱绫裹之样式"。[④] 琉球人或从样式、或从制法方面对清朝火铳、弓箭、铠甲作了说明，同时兼有与日本武器的比较。此等清朝武备情报皆为琉球使节滞留清朝期间的亲历亲闻，现地性极强，情报质量甚高，对长崎情报起到了补充完善的作用。早在1678年，琉球向萨摩藩派遣耳目官通报赴清朝贡使节归国之事成为定例[⑤]，这意味着萨摩藩经由琉球获取清朝情报的渠道正式形成。换言之，江户幕府可随时利用萨琉间的支配与被支配关系，经由琉球搜集所需之清朝军事情报。

---

① 萨摩于那霸设置萨摩假屋，任命家臣为琉球在番奉行，监视首里王府，虽被禁止干预琉球内政，但负有对琉球的中国朝贡贸易进行监督和武器管理之责。

② 参见[日]琉球王国评定所文书编集委员会编：《琉球王国评定所文书》第一卷，那霸：蛭木出版社，1988年，第139～140页。

③ 参见[日]大庭修：《中华之付仪申上候觉解题》，[日]大庭修编：《关西大学东西学术研究所资料集刊九之二　享保时代的日中关系资料一》，第360页。

④ 参见[日]大庭修：《中华之付仪申上候觉解题》，[日]大庭修编：《关西大学东西学术研究所资料集刊九之二　享保时代的日中关系资料一》，第5页。

⑤ [日]横山重编：《琉球史料丛书》卷五，东京：凤文书馆，1990年，第25页。

(四)江户幕府大量购入中国兵书

清朝入主中原后,江户幕府曾在很长一段时期内担心清朝入侵。当时活跃于日本的名儒熊泽蕃山甚至预测危机近在眼前,建议幕府囤积兵粮,拟定兵法,做好应对准备,其在谈及日本是否具备抵御清朝的兵法时称:“北狄若以下策来攻,应速与其合战,若此,今日本兵家之能者,或稍能抵挡;北狄若以上策来犯,今日本兵家无抵御之法也。”①获取当时颇为先进的中国兵学理论,提高幕府军队技战术水平,在日本统治者眼中乃迫切之需。长崎输入的汉籍中不乏兵学书籍,购入中国兵书是江户幕府获知中国兵学理论的主要手段。

长崎书籍检查官任职之时,提交任职誓文乃是定例。1671 年,书物屋次右卫门、山形屋吉兵卫始任“书物目利”,二人任职誓文中写道:“兵书之类及载有基督教内容之书籍,自不待言,一旦发现或听闻珍异书籍,必迅速上报。”②1838 年,向井雅次郎任“书物改役”,任职誓文中包含同样的内容。③ 由此可知,书籍检查官担负奏报输入汉籍中所含兵书的职责。江户幕府严禁基督教,严防相关书籍流播日本,中国兵书并非禁书,但被置于与严查基督教书同等重要的地位,可见江户幕府对中国兵书的重视。从两件誓文年代上看,搜集中国兵书并非出于某代将军的个人喜好,而是江户幕府的一贯政策。

原红叶山文库(幕府将军御用书库,后由内阁文库接管)中,共有汉籍兵书 105 部,其中 101 部购自中国,现将 17 和 18 世纪的购入量分年代列表,如表 1、表 2 所示。④

表 1　　17 世纪江户幕府购入中国兵书的部数

年代	1603～1639	1640～1649	1650～1659	1660～1669	1670～1679	1680～1689	1690～1699
部数	22	14	22	4	12	9	3

---

① [日]后藤杨一、友枝龙太郎校:《日本思想大系 30——熊泽蕃山》,东京:岩泽书店,1971 年,第 427 页。

② [日]林糧编:《通航一览》第四册,东京:国书刊行会,1913 年,第 120 页。

③ 参见《圣堂文书》(抄本),长崎县立图书馆渡边文库藏。

④ 表格制成参阅[日]上野正芳:《江户幕府红叶山文库旧藏唐本兵书的传入时期》,关西大学史学·地理学会编:《史泉》,1995 年第 52 号。文中对红叶山文库所藏各部中国兵书的出版年及幕府购入时间作了实证性考察。101 部中国兵书中,除表 1 与表 2 中所记之 93 部外,1 部购于 1805 年,另有 7 部购入时间不明。

表2　　18世纪江户幕府购入中国兵书的部数

年代	1700～1709	1710～1719	1720～1729	1730～1739	1740～1749	1750～1759	1760～1769	1770～1779	1780～1789	1790～1799
部数	1	0	3	1	1	0	0	1	0	0

由表1可见,江户幕府前一百年间大量购入中国兵书,购入量因时代的不同有所波动。17世纪40年代,清朝定鼎中原,江户幕府开始大力购入中国兵书。50年代,南明政权更为频繁地乞师、乞资,这愈发刺激了江户幕府原就紧张的神经,购买中国兵书达到高潮,十年间购入22部,与最初40年的购入量相当。1640～1659年间,江户幕府共计购入36部,约占整个江户期购入总量的40%。60年代,清朝呈现短暂稳定,中国兵书购入量急剧缩小,仅为4部。70年代,中国爆发"三藩之乱",刚趋稳定的清朝再次陷入动荡,江户幕府中国兵书的购入量较60年代又有较大幅度提高,恢复至40年代的水平。80年代,清朝平定三藩并乘势统一台湾,兵书购入量虽稍有降低,但基本与70年代持平。90年代,清朝国内局势渐趋稳定,购入量再次明显减少,降至60年代的水平。18世纪,整个东亚稳步进入和平安定时期,江户幕府几乎不再购入中国兵书,虽20年代的购入量稍有回升,亦仅维持在较低水平,如表2所示。由此可见,中国局势紧张之时,江户幕府中国兵书的购入量上升,中国局势稳定之时,购入量则随即下降,江户幕府中国兵书的购入量与中国局势呈现出同比变化态势。虽不能完全排除武家政权对兵学的兴趣因素,但可以肯定的是,对清朝的警惕是江户幕府购入中国兵书的主要原因。

华船载至日本的中国兵书,既有两三年前的新版,又有数十年前的旧版。[①] 此等书籍皆为中国商人在出港地购得,全部都是当时中国市场上的流通物。换言之,幕府所购中国兵书中的内容皆是当时中国正在流行的兵学理论。中国兵书经由商船贸易渠道流入日本,拥有优先购买权的江户幕府同期获取了中国先进的兵学理论。

(五)江户幕府招募清朝武官

利用赴日清商招募清朝武官,这是江户幕府搜集清朝军事情报活动中采取的最为大胆且直接的手段。

---

① [日]上野正芳:《江户幕府红叶山文库旧藏唐本兵书的传入时期》,关西大学史学·地理学会编:《史泉》,1995年第52号。

满族以骑射为本，对弓马技艺尤为重视，入关后，清朝军队仍在相当长的时期内保持着骑射优势，正因如此，弓马技艺亦成为江户幕府搜集清朝军事情报时的重点关注对象之一。1725年，江户幕府复以“御用”名义向长崎奉行下达了招请擅长骑射的清朝武官的命令。从对骑射之人武官身份的要求可见幕府此举的真实目的。朱佩章接受了此项任务，次年2月归国之时得以其子朱允传名义获得该年广东临时午牌，但因私载武人出境有违清朝律法，11月再次赴日时，所约之人并未同船前往，朱佩章亦因此未能获得日本方面的贸易许可，数月后被迫返航。[①] 朱佩章返航7日后，骑射之人陈采若、沈大成分乘两艘唐船登陆长崎，《唐马乘方补遗》中所收“骑射并马医唐人陈采若、刘经先、沈大成之渡来经纬”记载：“1727年，朱佩章之弟朱来章听闻其兄贸易受阻后，派弓马俱佳于沈大成之陈采若及马医刘经先搭乘二十番钟觐天之船抵达长崎；另二十一番船船主陈良选应先前朱佩章之再三恳请，改称陈大成，秘携沈大成同日抵达。”[②]为博取日方信任，清商竭尽所能招募骑射之人，贸易信牌再次彰显出巨大作用。

江户幕府对陈采若、沈大成二人的到来十分重视，专门派遣富田又左卫门奔赴长崎，记载清朝弓马技艺情报的书面报告被源源不断地送往江户。二人1731年方随唐船回国，滞留日本四年。[③] 滞留期间，二人不但教授了马的治疗法、饲养法、相法等方面的知识，而且传授了中国武术中的双刀功夫和一马一箭、一马三箭、苏秦背剑三门骑射之术。[④] 这三门骑射术乃清朝武举考试中最难科目，亦为清朝八旗、绿营之强项。关于二人的个人信息，“渡来经纬”中写道：“陈采若，三十五岁，九岁师从正红旗同山之官董尔泰，学习弓马之术，曾任陕西西安府中营千总，尤善教授弓马，有弟子三十人，因当差年满，归故乡杭州；沈大成，三十二岁，二十岁时师从台州府守备赵天祥，后历任把

---

① 参见[日]古贺十二郎：《信牌方记录》，[日]大庭修编：《关西大学东西学术研究所资料集刊九之二　享保时代的日中关系资料一》，第85、93页。

② 参见[日]古贺十二郎：《唐马乘方补遗》，[日]大庭修编：《关西大学东西学术研究所资料集刊九之三　享保时代的日中关系资料二》，第352～353页。

③ [日]田边茂啓编：《长崎文献丛书》第一辑，长崎：长崎文献社，1973年，第246页。

④ 参见[日]古贺十二郎：《唐马乘方闻书》，[日]大庭修编：《关西大学东西学术研究所资料集刊九之三　享保时代的日中关系资料二》，第207～233、235～289页。

总、千总，教授部下弓马七年，去年当差年满，隐退闲居。”[①]大庭修对见载于中日双方史料中的清商姓名进行了比定研究，结果表明，沈大成实为杨姓之人冒顶，陈采若乃1723年浙江武乡试第五名武举张灿若之化名。[②] 所谓“清朝退职武官”之说实为清商首尾相合的捏造之言。从陈采若、沈大成在日本的活动来看，二人真实身份虽非清朝武官，但在弓马骑射上造诣颇高，亦可谓江户幕府所求之理想人选。

海国虽有易御敌于国门之外的优势，也有易遭外敌入侵的弱点，江户幕府前期，日本在加紧巡防海岸要塞和修筑沿岸炮台的同时，积极搜集清朝水师情报。1718年，幕府老中大久保佐渡守常春曾向平户藩藩主松浦笃信询问“我国之船与唐船之利弊”及“防御异国船一事”[③]。清朝前期，水师主力船舰——赶缯船、艍船在船型、船体构造上与赴日民间商船并无大的不同。通过此番询问，江户幕府对清、日水师船舰的优劣有了粗略认识。另据1728年李卫奏折，清商“荐引一广东长须年满千总，不知姓名，每年受付数千金，为之(日本)打造战船二百余号，习学水师”[④]。重金招募清朝武官打造战船、教习水师，无疑使江户幕府对清朝水师的船舰性能、水军操练等有了更为全面、直观的了解。

江户幕府对《射史》《射学正宗》《武经入学第一明解》《纪效新书》等中国兵书皆曾作过深入研究，成果报告中不仅详细叙述了射手心理、射手对器物的调试与选择、一马一箭、一马二箭、一马三箭等中国射术理论，亦较为完整地介绍了水兵编伍及操练的方法。[⑤] 然而，文字情报的抽象性导致理论研究无法完全实现技术性情报的获取，江户幕府通过招募清朝武官的手段，实现了技战术情报抽象性与形象性的结合，使其真实了解且切实掌握了清朝军队的技战术，此可谓其搜集清朝军事情报活动中的一大成功。

---

① [日]古贺十二郎:《唐马乘方补遗》,[日]大庭修编:《关西大学东西学术研究所资料集刊九之三　享保时代的日中关系资料二》,第353页。

② [日]大庭修:《江户时代的日中秘话》,第198～199、203页。

③ [日]崛田正敦编:《宽政重修诸家谱》第四辑,松浦笃信条,东京:荣进社出版部,1917年,第136页。

④ 中国第一历史档案馆编:《雍正朝汉文朱批奏折汇编》第十三册,李卫奏折,雍正六年八月八日,南京:江苏古籍出版社,1989年,第148页。

⑤ [日]荻生观等:《名家丛书》下册,第38～127、249～255页。

三、江户幕府贱视与重视清朝的矛盾现象分析

日本江户幕府未与清朝建立官方关系，但却利用各种信息渠道，搜集清朝的舆地、军政、武备技术等方面情报。所获情报种类多样，既有语言情报、文字情报，又有实物情报。就其搜集渠道而言，唐船贸易渠道最为重要。江户幕府实行锁国政策，仅开长崎一港对外通商，而且除荷兰外仅允许中国商船赴日贸易，这充分显示出其对清贸易的重视。唐船贸易的存在亦使长崎成为江户幕府清朝情报的主要源地，但因其部分情报的片面性和模糊性，长崎情报无法完全满足幕府需求。萨摩藩的清朝情报多为琉球赴清使节的亲历亲闻，现地性极强，对长崎情报起到补充、完善的作用。日本漂流民的情报虽然带有较强偶然性，亦在一定程度上弥补了幕府清朝现地性情报的不足。对马、松前两藩虽未成为其获取清朝军事情报的有效渠道，但两藩确曾展开对清朝的军事情报活动。锁国体制下，日本江户幕府对清朝情报活动在整体上是被动的，但无论是其对贸易信牌的有效利用，还是不同情报搜集渠道上的连动表现，皆显示出其搜集清朝情报的极高的主动性，此亦恰恰表明日本江户幕府对清朝的重视。

日本江户幕府如此重视清朝，原因是多方面的。首先，在日本江户幕府看来，清朝是其政治上、军事上的重要对手。日本原本即为华夷秩序中的极不安分因子，16 世纪末开始数度挑战中国在华夷秩序中的中心地位。丰臣秀吉 1592 年、1597 年两度入侵明朝属国朝鲜并欲假道朝鲜征服大明，宣称"席卷明朝四百余州，以为皇朝之版图"[①]，甚至决定了征服明朝后的"大唐关白"人选[②]，试图取代中国建立以日本为中心的华夷秩序。1609 年，江户幕府建立后不久，萨摩藩获幕府授意武力征服明朝属国琉球，迫使琉球纳贡称臣，再次挑战中国。出于经济利益考虑，江户幕府一度试图恢复明日勘合贸易，但其已将明朝颁发的"勘合"和日方颁发给海外贸易船的"朱印状"置于同等的地位，同时宣称，日本"化之所及，朝鲜入贡，琉球称臣，安南、交趾、占城、暹罗、吕宋、西洋、柬埔寨等，蛮夷之君长酋帅，各无不上书输宾"[③]，内心期望建立"日本型华夷秩序"的目标并未改变。17 世纪 30 年代，日本江户幕府在恢

① 张声振、郭洪茂：《中日关系史》卷一，北京：社会科学文献出版社，2006 年，第 3 页。

② ［日］福尾猛市郎监修：《日本史史料集成》，东京：第一学习社，1980 年，第 160 页。

③ ［日］京都史迹会编：《林罗山文集》，京都：弘文社，1930 年，第 130 页。

复勘合贸易无望的情况下，建立起以朝鲜、琉球为两翼的“大君外交体制”，独立于中国朝贡体制之外。“大君外交体制”的建立标志着所谓“日本型华夷秩序”的形成，日本最终脱离以中国为中心的华夷秩序。满族兴起打破了东亚原有的军事平衡，建立起较明朝更为强大的清朝，并逐步成为东亚华夷秩序新领袖。崛起过程中，清朝显现出强大的军事冲击力和政治颠覆力，江户幕府由是担心其精心构建的“日本型华夷秩序”为清朝所颠覆，日本再次沦至华夷秩序的从属地位。鉴于此，日本江户幕府始终视清朝为政治上、军事上的重要对手。

其次，清朝是日本江户时代经济贸易上的重要伙伴。日本每年经由唐船贸易渠道进口大量中国商品，包括生丝、纺织品、砂糖、药材、矿物、染料、皮革、文化用品等。1683年，进口中国商品种类高达142种①，足见贸易覆盖面之广泛。仅就生丝和砂糖而言，据推算，18世纪初，西阵织造业的从业人口约占京都总人口数的21%，而西阵织所用原材料——生丝的57%则依靠中国进口②；1721年，中国砂糖的主要产地之一台湾爆发朱一贵起义，新井白石听闻后，说当年砂糖价格必将上涨。③ 中国商品对日本国内社会生产、百姓日常生活的重要性可见一斑。清朝不仅是日本江户时代主要进口来源国，亦是其最主要出口商品——铜的最大出口市场。清朝前期中国铜产量严重不足，每年皆需购入大量日本棹铜以保证铸造制钱所需铜料的供应。1674～1700年间，清朝年均购入棹铜3058741斤，是同期赴日荷兰船年均购铜量的1.3倍。④ 后随云南铜山的开发，清朝铜供给不足的状况得到缓解，但因滇铜质量较差，清朝仍然每年大量购入日本铜。据任鸿章统计，1684～1851年间，清朝购入日本棹铜总量高达三亿三千万斤。⑤ 江户幕府期，清朝是日本最大贸易对象国，国家经济利益亦是促使江户幕府重视清朝的原因之一。

最后，地缘上的临近与自己安全利益高度相关。清朝政局上任何大的变动、对外政策上任何大的调整皆会波及周边邻国，甚至直接危及周边邻国的

---

① 参见［日］岩生成一：《近世日中贸易数量考察》，史学会编：《史学杂志》第62编第11号，1953年。

② 参见［美］罗纳尔·托比：《锁国的外交》，东京：小学馆，2008年，第149页。

③ 参见［日］宫崎道生：《新井白石的洋学与海外知识》，东京：吉川弘文馆，1974年，第265页。

④ 参见［日］岩生成一：《近世日中贸易数量考察》，史学会编：《史学杂志》第62编第11号，1953年。

⑤ 参见任鸿章：《近世日本与日中贸易》，东京：六兴出版，1988年，第313页。

国家安全，作为东亚社会一员的日本亦不例外。1646 年，清军攻陷福州，隆武政权灭亡。江户幕府听闻后，担心大陆动荡外溢，害怕清朝乘势攻击日本，迅即向西国大名下达了警戒外国船只、加强海防的命令。[①] 1673 年，“三藩之乱”爆发，战事席卷大半个中国。消息很快传至日本，大老、老中等幕府高层齐聚一地听取了林春常的解读。[②] 江户幕府虽未被直接卷入，但最终亦因靖南王遣使琉球求取硫磺而被牵扯其中。[③] “三藩之乱”后，清朝愈发重视中琉关系，对外政策的制定亦尽显对琉球的优待。鉴于琉球在清朝朝贡体系内地位的上升，江户幕府要求萨摩藩主妥善处理萨琉关系，同时密切留意清朝动向，并于 1719 年最终确立了对清朝隐蔽日琉关系的政策。[④] 近世琉球中日两属，江户幕府始终担心琉球问题引发清日间武力冲突而使日本陷入危险境地。江户幕府期的日本，国力相对弱小，尚并不具备与清朝抗衡的实力，地缘上的邻近使其始终抱有强烈的国家安全意识。

江户幕府一方面贱视清朝，另一方面却又重视清朝。表面上看似乎很矛盾，但贱视清朝是从文化心态层面出发的，重视清朝是从现实层面出发的。如此看似矛盾性的对华观，正是江户幕府时期日本涉华行为的基本特征。

（原载于《文史哲》2014 年第 2 期）

① 参见[日]国史大系编修会编：《德川实纪》第二编，正保三年十月二十四日条，东京：吉川弘文馆，1913 年，第 850 页。

② 参见[日]林春胜、林信笃编：《华夷变态》卷二，第 68 页。

③ 参见[日]林春胜、林信笃编：《华夷变态》卷四，第 159～164 页。

④ 参见[日]纸屋敦之：《幕藩制国家的琉球统治》，东京：仓书房，1990 年，第 226、256 页。

阿礼国的《大君之都》与近代西方“文明”观

邓凌志

（山东大学外国语学院）

摘要：英国首任驻日公使阿礼国在其1863年完成的著作《大君之都》中对近代西方的“文明—野蛮”二元对立观提出质疑，并根据其自身长期在中国和日本从事外交工作的经验对“文明”观进行了重构，认同中国、日本等亚洲国家也拥有与欧洲同等的文明，并对“自由”“平等”等概念进行了重新定义，其思想具有一定的进步意义。“文明—野蛮”的二元对立观曾经对近代西方国家的外交政策产生了一定影响，但对于阿礼国而言，他所重构的文明观却并未对他此后的外交活动产生指导作用。这也再次证明所谓“文明—野蛮”的对立只是服务于近代西方列强殖民扩张的伪命题。

关键词：“文明”观；自由平等；“野蛮”国家

1844年，鲁思夫特·阿礼国(Rutherford Alcock，1809～1897年)被英国政府派往中国担任外交官，揭开了他在亚洲地区长达20多年外交活动的序幕。阿礼国的外交生涯大致可分为三个阶段：1844年开始，他先后辗转在中国的厦门、福州、上海、广州等地担任领事，其间经历了太平天国运动，1856年10月回到英国；1859～1864年，阿礼国被派往日本，成为首任驻日公使；1865～1871年，再次返回中国担任驻华公使。

阿礼国在中国和日本的活动体现出一个老练外交家的深远谋略。迄今为止，我国学界对阿礼国的研究主要以他在中国的外交活动、外交策略为主。例如，“青浦教案”中阿礼国袒护在华传教活动、干预晚清地方官员对传教士活动的管理、攫取中国海关管辖权和内河航运利益等。1863年，他在从日本回英国休假期间撰写了回忆录性质的著作《大君之都》(*The Capital of the Tycoon*)，其中多处体现了他在实际考察亚洲国家的基础上对“文明”“自由”“平等”诸概念的重新认识。在19世纪西方以工业文明为中心的“自我—他者"二元对立文明构图下，阿礼国在《大君之都》中的思考体现出一定的进步意义，而国内目前对此方面的研究尚不多。本文按照时间顺序对阿礼国的外交活动和他的《大君之都》中关于"文明"的认知进行梳理，考察阿礼国这种"文明"观的实质意义及其是否对后续的外交活动产生影响。

一、近代西方"文明"思想体系的确立与阿礼国在中国和日本的活动(1844～1862年)

近代的殖民活动和霸权行为大多都是在"文明"对"野蛮"的口号下产生的。甲午战前，福泽谕吉就公开宣称日本与中国的战争是"文明国家"对"野蛮国家"的战争。而近代西方"文明"与"野蛮"两极概念的确立，据历史学家布莱特·波顿考证，应追溯到欧洲中世纪基督教思想中关于"基督徒"与"异教徒"的二元对立观念。[①] 到了18世纪，"文明"和"野蛮"开始成为欧洲国际法著作中经常出现的词汇，学者们讨论"文明国家""野蛮国家"的地位关系，并突出文明国家的优越性和国际权利。

到了欧洲列强相继完成工业革命的19世纪，"文明"与"野蛮"逐渐被解释为欧洲国家与非欧洲国家之间的二元对立关系，成为近代西方强国处理国际关系的基本准则，而近代西方外交人员无疑就是这种"文明—野蛮"二元对立标准的具体践行者。有学者总结鸦片战争后英国驻华领事的作风："作为英国商业扩张的先锋，(他们)都根据英国在印度的长期传统固执于英国在印度的经验，怀着英国所固有的优越感和白人使命的思想感情，加上对土著的蔑视，这一切形成条约口岸新任官员的处世态度。他们发现在和中国官员的日常斗争中，处在改造者的地位……"[②]阿礼国驻华初期也表现出这样的心态，反映在外交活动上即显示为以武力为后盾的强权政治："在最后摊牌时，他们的决心、他们坚持诉诸大炮以排除障碍的声势，最能达到目的。"[③]

1848年"青浦教案"中，阿礼国调动军舰，通过武力威胁袒护传教士在中国不遵守法纪的行为。此外，阿礼国还擅自更改上海的领事报关制度，为在

---

① Brett Bowden, *The Empire of Civilization: The Evolution of an Imperial Idea*, Chicago: University of Chicago Press, 2009, p.107.

② Fairbank John King, *Trade and Diplomacy on the China Coast: The Opening of the Treaty Ports*, 1842-1854, Cambridge: Harvard University Press, 1953, pp.172-173.

③ Fairbank John King, *Trade and Diplomacy on the China Coast: The Opening of the Treaty Ports*, 1842-1854, Cambridge: Harvard University Press, 1953, p.173.

华英商谋取额外利益，并庇护英商的走私、漏税等非法行为。1853 年上海小刀会起义发生后，阿礼国借口清政府无力维持本国税收，攫取中国海关税收权和内河航运权益。凡此种种，都成为所谓“文明”国家在所谓“半文明”或“野蛮”国家推行强权政治和掠夺活动的绝佳注脚。

1859 年，阿礼国开始在日本的外交活动。他对东方国家抱有很深的不信任感，《大君之都》记录下了西方国家与日方交涉港口开放事宜时日方以各种借口拖延搪塞以及日本社会对于西方国家的敌意。在他看来，唯有依靠武力才能使亚洲国家履行与西方的条约。因此，阿礼国在日初期的活动大体上延续了其在中国时期的强权外交路线，相信“任何退却都可能严重损害我们在东方行事所依赖的信誉和影响”①。

但另一方面，在多年的外交活动和与亚洲国家的实际接触中，阿礼国对这种西方与东方二元对立的“文明—野蛮”观产生质疑，并尝试对其进行扬弃和重构。

二、《大君之都》中对“文明”“自由”“平等”等概念的重构

在西方看来，19 世纪代表着西方工业文明的发展和社会进步，在世界上全面超过其他地区。而另一方面，也有人看到代表着“进步”的工业社会在很大程度上并未改善人们的生活环境和精神危机②，对工业文明的质疑由此产生。

西方人初到 19 世纪中前期的日本，大多惊叹于日本人安于朴素而又富有情趣、充满追求的生活，勤俭、清洁、自律、乐观有礼的精神面貌。不仅阿礼国，与他同时代的很多旅日西方人都在他们著作中表现出了对日本独特文明的欣赏；正如美国的生物学家莫尔斯(Edward Sylvster Morse)教授在他的著作《在日本的那些日子》中写道：“每个初来日本的西方人都忍不住要教他们些什么，但居住一段时间后却不禁要向日本人学些什么。”③而在幕府末期来日本的众多西方人中，只有阿礼国从“文明”意识再构建的角度对日本进行了重新认知。

撰写《大君之都》时，阿礼国在亚洲从事外交活动已近 20 年，为英国在远

---

① John K. Fairbank, “Patterns Behind the Tientsin Massacre”, *Harvard Journal of Asiatic Studies*, Vol. 20(Dec. 1957), pp. 482-483.

② 参见[美]乔治·埃尔顿·梅奥：《工业文明的社会问题》，北京：北京理工大学出版社，2013 年，第 17 页。

③ [美]莫斯：《日本的那一日》，石川欣一译，东京：平凡社，1970 年，第 127 页。

东的利益扩张做了大量工作。通过与亚洲国家的长期接触，阿礼国逐渐对当时以西方利益为中心的“文明”架构有了不同的认识，并连带对与“文明”意识相关的“自由”“平等”等概念进行了重构。《大君之都》中汇集了他对东方文明的认识以及对整个文明架构和发展方向的思考。

（一）“文明”的功用

在阿礼国眼中，“文明”的功用体现在能否解决社会现实问题、使社会变得更好。由于对文明有这样的期待，阿礼国在《大君之都》中提出质疑：西方工业文明是否根除了人们思想中的恶，减少了社会矛盾？或是在一方面减少了问题，但在另一方向上又制造出了新问题？“长达几个世纪（为改造社会而付出）的努力就如同钟摆，向一个方向摆动之后一定会摆向相反的方向。”①

由此，阿礼国觉得欧洲工业文明并不是放之四海皆准的济世良药：“我们所引以为豪的技术进步在（日本的）社会和政治生活方面究竟能产生怎样的积极作用？”②

（二）“文明”的推行方式

近代西方是否有责任将自认为优秀的工业文明强制推广给亚洲国家，行使所谓“白人的使命”？阿礼国对此持否定观点。他认为日本不必通过西方化也能实现国家的进步，而西方一厢情愿地将自身的文明观和宗教文化强制性地推向“野蛮”的东方民族，得到的结果一定不甚理想。他说，西方在推行自身文明时应“以追求真理的精神探讨欧洲和亚洲的文化相同点和不同点，假若最终发现亚欧间的文化并没有本质差别，而只是表象差异（这可能损害到我们的自尊心），则欧洲人就不会再以令人反感的粗暴方式向东方国家兜售自己的文化和价值观”③。

基于他对东方文明的切身理解，阿礼国说：“东方国家所独有的专制制度有与其历史条件和社会环境相适应的一面……当代西方的社会政治制度下所取得的大部分成就，东方国家在他们的体制下以他们自己的方式也能达到，而不必移植西方的制度。如同游方郎中一样死乞白赖地兜售自己炮制的

---

① ［英］阿礼国：《大君之都》（下），山口光朔译，东京：岩波书店，1974 年，第 153 页。

② ［英］阿礼国：《大君之都》（下），山口光朔译，东京：岩波书店，1974 年，第 154 页。

③ ［英］阿礼国：《大君之都》（下），山口光朔译，东京：岩波书店，1974 年，第 155 页。

万能药，只会引起对方反感。”[①]

（三）“自由”和“平等”

在近代西方的“文明”话语体系中，“自由”“平等”也是重要的标志性命题。黑格尔认为，与西方社会的普遍自由相比，东方社会只存在君主“一人的自由”[②]，因此东方国家的文明是“停滞的”“奴隶性的”，具有不平等性。而阿礼国则对“自由”“平等”的概念重新进行了探讨。他认为，废除封建特权、推行民主政治并不能去除所有的社会弊病。西方其实是在向亚洲“强制推行一种非自然的从而也是不可能实现的平等，而不了解真正的平等应该建立在怎样的基础上”[③]。在平等意识方面，阿礼国赞同英国常识学派哲学家斯特林(James Hutchison Stirling)的观点，提出“自由不是为所欲为，平等也不意味着财富的平均”，真正的自由是“使个人意志从属于普遍的正义规律”；而“最高意义上的平等，则是这种从属关系所导致的结果”。[④]

这样，在《大君之都》中，阿礼国打破了对西方长期形成的以地域主义和种族主义为基础的“文明—野蛮”二元对立话语，构建了新的“文明”定义。

（四）“文明”标准的重建

以欧洲霸权为中心的“文明”话语在19世纪以后日渐凸显，麦考利(Thomas Bablington Macaulay)1833年在英国下议院讨论东印度公司法案时说：“我们是自由的，我们是文明的，但是如果我们不以自由和文明的同等尺度来衡量人类中的所有其他部分，我们将一无所获。”[⑤]同时期的一些西方思想家进而试图将文明的概念与种族、国家联系起来。

在这种以欧洲为中心的“文明”图景中该如何定位日本的文明？要讨论这个问题，阿礼国建议回到其原点：如何对“文明”下定义。他指出，当时大多数西方人观念中，文明就是“传递、继承基督教理念，并将在此基础上所能达到的最高知识和道德境界作为追求目标，扫除封建信仰，代之以现实信仰”。

---

① [英]阿礼国：《大君之都》（下），山口光朔译，东京：岩波书店，1974年，第155页。

② [德]黑格尔：《历史哲学》，王造时译，北京：三联书店，1956年，第123页。

③ [英]阿礼国：《大君之都》（下），山口光朔译，东京：岩波书店，1974年，第165页。

④ [英]阿礼国：《大君之都》（下），山口光朔译，东京：岩波书店，1974年，第165页。

⑤ Raghavan Iyer, *The Glass Curtain between Asia and Europe*, London: Oxford University Press, 1965, p. 215.

若以这个概念来定义“文明”，则只能说“日本不存在文明”。①

在驻日的几年中，阿礼国力求在没有日本官方人员陪同的情况下深入日本内地旅行，实际了解当时日本社会的情况。他所看到的日本逐渐成为拥有独特文明的东方乐土：“在教育方面超过了欧洲大部分国家，而且普及程度远超想象。”②他认为日本的工匠技艺之精巧、艺术思想之深刻、道路等基础设施发达程度等方面都毫不逊色于西方。这样的日本，显然不能说不是一个文明国家。他总结说：“（日本）除了机械设备低劣、机械产业和工业技术方面较为薄弱之外，其他方面已足可与欧洲比肩。”③因此，在他眼中当时的日本不仅拥有文明，而且是一个文明程度较高的国家。故而唯一的选择只能是对西方的“文明”理论体系进行重构。

在《大君之都》中，阿礼国提到了 17 世纪末赴日的德国人肯普费尔(Engelbert Kaempfer)的有关日本的著作，特别是关于日本近世“锁国”政策，肯普费尔认为结合当时日本所处的国内及国际环境，“锁国”政策具有合理性，阿礼国深以为然。他觉得，对任何社会现象的考察都不能脱离这个社会现象所赖以存在的环境。同样，在分析“文明”这个社会现象时也不能脱离形成这个文明的社会环境。

最终，阿礼国将“文明”理解为“一个国家的人民在其基本行为准则（基本信条）所许可的范围内所能达到的最高成就”④，而在考察一个国家的文明状况时，对于这个“基本信条”的研究也是不可缺的。这实际上肯定了多元文明的存在，构成了对 19 世纪早期以来以西方为唯一中心的“文明”观的否定。

三、《大君之都》以后的外交活动——“文明”观与实际行动的背离

阿礼国虽然在《大君之都》中建构了自己的“文明”观，但却并未能将其贯彻在此后的外交活动中。

1863 年，日本长州藩在下关海峡炮台攻击外国（美、法、荷）商船，被称为“下关事件”。由于长州藩长期封锁下关港口给英国的对日贸易带来巨大损

① [英]阿礼国：《大君之都》（下），山口光朔译，东京：岩波书店，1974 年，第 158 页。
② [英]阿礼国：《大君之都》（下），山口光朔译，东京：岩波书店，1974 年，第 155 页。
③ [英]阿礼国：《大君之都》（下），山口光朔译，东京：岩波书店，1974 年，第 147 页。
④ [英]阿礼国：《大君之都》（下），山口光朔译，东京：岩波书店，1974 年，第 159～160 页。

失，在阿礼国提议下，英、美、法、荷共同组建联合舰队对下关炮台进行军事打击。

军事行动开始前，日本曾有意与法国签订和约，阿礼国担心法国会因此退出联合舰队行动，后因日本幕府政权不批准此项和约，联合舰队行动照常进行。事件结束后，日方被迫接受了撤销下关炮台、允许西方船只在下关港口自由通航以及巨额赔款等条件，而阿礼国因违反英国政府“不得与日本开战”的指令被解职。

可以说，阿礼国在《大君之都》中建立的“文明”观并未对他在“下关事件”中的活动产生指导作用，“以武力为后盾，维护西方国家在东方的权益”仍是他的首要追求。

第二次鸦片战争结束之后的1865年，阿礼国再次被派往中国担任公使。当时在华的英国商人不满足既得利益，希望继续扩大在华经营权，进一步打开中国国门。1869年，时任驻华总领事的阿礼国听取了他们的要求后计划借对1859年《天津条约》进行修订之机与清政府谈判。但他同时也意识到，一旦开始谈判修约，中国人也有同等的权利提出修改对他们不利条款的要求。而若继续以炮舰政策施压，中国的政权可能走向整体崩溃。因此，在条约修订(即1869年《中英新定条约》，也称《阿礼国条约》)谈判中，阿礼国有所保留地为英方争取了部分权益，同时也在一定程度上照顾了中方的利益。这使得阿礼国饱受在华英商和国内商业团体的指责，英国国内甚至组织了反对《阿礼国条约》的运动。

黄宇和教授认为，两次鸦片战争之后，英国认识到晚清政权实际已成为当时自身在华利益的维护者，因此保证清政府在中国的统治成为当时英国对华战略的重点。[①] 从这个思路来看，阿礼国只是充当了当时英国外交战略的执行者，而不能看作是在其“文明”观指导下的外交实践。

1868年8月，扬州发生了基督教传教站被抢劫和焚烧的暴力事件，阿礼国得悉后立即使出了武力威胁的招数，派遣四艘舰艇到南京，逼迫中国政府撤换相关官员并作出巨额赔偿。这更加激化了当时中国国内的排外情绪，英国政府也认为此举违背了英国的对外政策。

此外，阿礼国还策动西方国家驻北京公使团于1869年通过《租界章程》时删掉其中关于“租界市政机关中需设置华人代表”的条款，剥夺了租界内华

---

① 参见黄宇和：《英国对华“炮舰政策”剖析》，《近代史研究》1999年第4期。

人的参政权利。[①]

因此，总的来说，虽然阿礼国在《大君之都》中提出了新的"文明"构图，但并未将这种"文明"观用于处理国家之间的关系。在整个外交生涯中他始终不失为一个激进的西方利益代言者，很多情况下倾向于用武力胁迫弱国就范。

四、阿礼国的"文明"观及其意义

近代西方国家的二元对立"文明"观无疑对其处理国际关系方面产生了一定影响。美国历史学家入江昭研究19世纪美国接受"文明"概念及该时期对外政策特点时说，"关于进步和文明的观念……常常是决定美国人看待国外事务方式的基本因素"[②]，认为这种西方中心主义"文明"观影响并塑造了近代美国的帝国主义外交政策。

在《大君之都》中，阿礼国对于近代西方世界在文明认知标准方面的"自我一他者"二元对立价值观提出了质疑和否定。不仅是阿礼国，19世纪前期开始到达亚洲的西方人很多都有这样的感受。他们看到东方世界也有自己成熟的社会价值体系，虽然不同于西方的价值观和世界观，但却更能够适应东方国家的发展形态，而将西方的价值判断移植到这里才真正是行不通的。这在当时以西方视角和西方利益为核心的主流价值体系中开启了另一片空间。

虽然在《大君之都》中对"文明"的概念进行了重构，但具体到自己眼前的工作，阿礼国仍然表现出以西方利益为优先的绝对主义意识。这也再次证明，近代西方的"二元对立"式文明话语并非完全源自近代西方学者们认知上的局限，而在很大程度上是由西方列强国家主观建构的、服务于殖民扩张的伪命题。即便阿礼国揭示了这种"文明"构图的虚无性，其自身行为仍无法摆脱这个束缚，西方列强在处理与亚洲国家关系时的"二元对立"文明价值观仍在近代社会继续生存下去，在相当长时期内成为东方与西方交流的主要障碍。

---

① 参见程宗璋:《略论阿礼国在中国的活动》,《三峡学刊》1997年第1期。

② Akira Irie, *From Nationalism to Internationalism: U. S. Foreign Policy to 1914*, London: Routledge, 2002, pp. 16-17.

福泽谕吉对政治的迎拒

马步云

（山东大学外国语学院）

摘要：在幕末攘夷的风潮中，作为幕臣的福泽谕吉持佐幕的立场，并以明哲保身的方式涉入公共领域。明治维新之后，福泽一度回避政治，但是很快修正了对明治政府的误判，完成了对权力依附的超越和与维新政权的和解，在政治身份与政治心态上实现了双重转换。明治14年政变的挫败使福泽主张的英国式立宪政治的构想化为泡影，也使其基本放弃了近距离地影响政府政策制定的念头。总体而言，相对保守的政治立场贯穿其生涯的始终。

关键词：福泽谕吉；政治心态；迎拒

福泽谕吉（1835～1901年）是日本近代史上重要的思想家、教育家和舆论领袖。当1984年日本政府决定将其头像印到一万日元的纸币上，福泽亦由此成为当代日本家喻户晓的人物。日本学界关于福泽的研究可谓汗牛充栋，几乎无所不包。远山茂树指出，日本学者对福泽思想的理解堪称“百人百样”[①]。而在中国学人眼中，福泽谕吉则呈现出一种“断裂式”的面相。他既被视作启蒙的先驱，所倡导的民主思想与教育理念颇受瞩目，又被指为侵略的鼓手，“脱亚入欧”与征韩侵华成为其身上的又一标签。[②] 整体而言，国内学界的福泽研究缺乏整体、统一的视角，形成了两条没有交叉的研究轨迹，少

---

① [日]远山茂树：《福泽谕吉》，翟新译，北京：中国社会科学出版社，1990年，第3页。

② 代表性研究包括：王中江：《严复与福泽谕吉——中日启蒙思想比较》，开封：河南大学出版社，1991年；张华：《中朝日近代启蒙思想：以严复、俞吉浚、福泽谕吉的思想为中心》，北京：中央民族大学出版社，2012年；韩东育：《福泽谕吉与“脱亚论”的理论与实践》，《古代文明》2008年第4期；周颂伦：《文明“入欧”与政治“脱亚”——福泽谕吉“文明论”的逻辑构造》，《二十一世纪》（香港）2014年第142期；肖朗：《近代日本侵略亚洲国家思想探源——以福泽谕吉及其“脱亚入欧”思想为中心》，《浙江大学学报》（人文社会科学版）2014年第3期等。

有对其思想和实践的前后一贯的考察。[①]

作为明治时期不可缺少的历史参与者，福泽谕吉成为变革时期新的世界观与价值观的重要来源，深刻影响了日本社会由传统向近代的转换。福泽的思想与实践如何介入日本近代化的进程，这无疑是一个宏大的课题，笔者主要关注的是其与政治的关联。事实上，在以往的研究中，多被忽视的问题即福泽和“官”（日本政府）的关系。[②] 杉山伸也认为，福泽的思想谱系中存在两个不同的系统。[③] 首先是作为启蒙思想家的福泽。从《西洋事情》到《劝学篇》《文明论概略》，再到《民情一新》，这些著作以文明论为基本论题，具有强烈的原理论特征，构成了其思想的核心。其次是作为政治“诊断医”的福泽。在此阶段，他将关注的目光转移至时事政治，撰写了包括《分权论》《通俗民权论・通俗国权论》《国会论》《时事小言》等一系列关于现实政治的评论。尤其在 1882 年《时事新报》创刊后，福泽出版的著作基本是其社论的结集。可以说，在 1875 年《文明论概略》出版后，福泽逐渐由启蒙思想家转变为政治评论家[④]，其著述由长期的原理论思考转向短期的政策性建言。这一转变亦即坂野润治指出的，福泽的思想从“19 世纪体系论”急速转变为“19 世纪 80 年代政治改革论”。[⑤] 本文根据已有的研究成果，以知识分子的政治心态为研究视角，以福泽一生的社会实践和主要著作为基本线索，结合从幕末到明治的历史背景与主要事件，探讨福泽谕吉对政治的迎拒。

一、危机意识的觉醒与隐藏的佐幕立场

福泽谕吉出身下级武士家庭，以明治元年（1868 年）为界，前 33 年生活在德川幕府统治的封建时期，后 33 年则亲历了明治维新后日本的崛起。福泽留名史册，得益于“天时、地利、人和”。[⑥] 首先，福泽的人生适逢日本近代

---

① 参见向卿：《福泽谕吉再评价》，《南昌航空大学学报》（社会科学版）2008 年第 2 期。

② 参见[日]小川原正道：《福泽谕吉与日本政府》，尤一唯译，北京：九州出版社，2016 年，中文版序言第 7 页。该书将福泽谕吉视为“民”或“私”的代言人，着重探讨福泽如何与政府、公权力作斗争。

③ 杉山伸也「福澤諭吉と文明開化」、『郵政博物館研究紀要』、2019 年第 10 号。

④ 高城幸一『政治評論家・福沢諭吉』、文芸社、2011 年、第 14 頁。

⑤ [日]坂野润治：《近代日本的国家构想：1871～1936》，崔世广译，北京：社会科学文献出版社，2014 年，第 83 页。

⑥ 飯田鼎『福沢諭吉』、中央公論社、1984 年、第 4～6 頁。

史上的重大转换期，获得了充分发挥才能的历史机遇。其次，幕末兰学勃兴，福泽所在的中津藩距离当时兰学的中心长崎较近，其求知之路颇为便利。最后，与同时代的吉田松阴、桥本左内、坂本龙马等先觉者不同，他躲过了动乱时期的政争、暗杀，亦堪称人生幸运。置身明治前后的风云巨变，福泽不免有恍如隔世之感，不禁发出“一身经历了两世”[①]的感叹。丸山真男指出，不可忽视“一身经历两世”的历史意义，强调福泽属于幕末“志士”一代，不宜单纯地把他视为明治的思想家。[②]

19 世纪中期以降，在西方文明的强势冲击下，尤其是面对西方列强坚船利炮的威胁，处于德川幕府统治末期的日本几无还手之力，与晚清时期的中国一样陷入民族危机。随着日本被迫打开国门，江户幕府的权威受损，既有的统治秩序陷入混乱，包括京都朝廷、西南雄藩等政治边缘势力及中下级武士打破原有限制，纷纷登上幕末政治舞台的中央。知识分子的文化素质决定了他们更敏感和热衷于社会政治问题，如果在一定程度上认同亚里士多德所说的“人是政治动物”的论断，那就应该可以认定知识分子尤其是一种政治动物。[③] 在内忧外患之中，日本知识阶层对本民族的忧思和担当使其自觉为解决现实困境而积极寻求出路。福泽谕吉虽不满国内政治分裂，但并不否认知识人不断探索的意义：“东西两派谁是谁非姑且不论，所谓大丈夫欲达宿昔青云之志在于乱世，不论勤王或是佐幕都须冒险尝试一番，这就是书生的作为。”[④]应该说，强烈的危机意识是幕末维新时期日本知识阶层共有的思想动机。福泽将维护国家与民族独立视为毕生目标，这一具有极强目的性的最高课题压倒了其他，从根本上规定了福泽思想的进路。

在幕末的政治世界里，包括民众在内，多数人以压倒性的意见表达了对不平等条约的不满，以及对破约攘夷的希望。[⑤] 在攘夷的风潮中，福泽谕吉辗转长崎、大阪学习兰学。1858 年，受藩命赴江户，创办讲授西学的学塾。

---

① [日]福泽谕吉：《文明论概率》，北京编译社译，北京：北京编译社，1959 年，序言第 3 页。

② 参见[日]丸山真男：《福泽谕吉与日本近代化》，区建英译，北京：北京师范大学出版社，2017 年，第 253 页。

③ 参见郑也夫：《知识分子研究》，北京：中国青年出版社，2004 年，第 43 页。

④ [日]福泽谕吉：《福泽谕吉自传》，马斌译，北京：商务印书馆，1980 年，第 157 页。

⑤ 参见[日]佐佐木克：《从幕末到明治：1853～1890》，孙晓宁译，北京：北京联合出版公司，2016 年，第 102 页。

1860年，首次出访美国，随后为幕府临时聘用，成为英语翻译。凭借深厚的外语造诣，1864年福泽正式由中津藩陪臣升格为将军直属的幕臣。西学积累和海外经历使福泽成为西方文明的坚定信奉者与积极引进者，也为其涉入政治与公共领域奠定了坚实基础。在自传中，福泽用大量篇幅描述了幕末时期混乱的政局和本人的态度，自称作为幕臣，从来没有为幕府出谋划策过，强调自己对一切政治问题都不感兴趣，毫无功名利禄之心："我虽给幕府工作，但只是一个耍笔杆的翻译人员，当然不想参与政治。正因为我只打算做一个职员，所以丝毫没有走向政治舞台的念头。自己既不想搞政治，也不能搞政治。"[①]

福泽谕吉的自传是其著作中采取口语体的唯一著作，也被誉为日本自传文学中最出色的作品。[②] 然而该书为福泽晚年所著，难免有为自己遮掩与辩护之处。福泽曾是坚定的佐幕派，上述表态显然与实际不符。随着政治地位的提高，他期望能够学为政用。在时代先觉者福泽看来，锁国攘夷是违逆时代潮流、将日本拖向危险深渊的愚蠢之举。身为外交部门的翻译，他对幕末外交形势有较为清楚的把握，深知日本艰难的国际处境，并认定是以萨摩、长州藩为首的攘夷派使国家日益陷入危机，于是将希望完全寄托于幕府的开国政策。在《唐人往来》中，福泽谕吉基于所谓"世界的道理"，明确反对攘夷之说，倡议学习西方，解释通商的本质是互通有无，并以晚清中国在鸦片战争中的失利作为反面教材，历陈开国乃大势所趋。[③] 1865年，他向中津藩高层递交意见书，建议本藩应效忠幕府，并取法西洋，增强军备、培养人才。[④] 同年，在幕府第二次征讨长州期间，福泽向当局建言，称即便借外国军队，也要击溃长州，平定内乱，以重建幕府权威，改革封建制度。[⑤] 在政治改革方面，他反对"大名同盟论"，设想建立"大君君主政体"，即建设以将军为中心的统一国家，推进本国的文明开化。[⑥] 至1867年初，福泽依然高度评价幕府的开明政

---

① [日]福泽谕吉:《福泽谕吉自传》，马斌译，北京:商务印书馆，1980年，第162页。

② 参见[日]鹿野政直:《福泽谕吉》，卞崇道译，北京:三联书店，1987年，第176页。

③ 福澤諭吉『福澤全集绪言』、慶應義塾編『福澤諭吉全集』(第1巻)、東京:岩波書店、1958年、第20頁。

④ 福澤諭吉「御時務の儀に付申上候書付」、慶應義塾編『福澤諭吉全集』(第20巻)、東京:岩波書店、1963年、第5～6頁。

⑤ 福澤諭吉「長州再征に関する建白書」、慶應義塾編『福澤諭吉全集』(第20巻)、東京:岩波書店、1963年、第9頁。

⑥ 福澤諭吉「福沢英之介宛」、慶應義塾編『福澤諭吉全集』(第17巻)、東京:岩波書店、1961年、第31頁。

策。这一时期，福泽从来就没有反对统治权力的思想，没有材料可以证明他除了使为政者充分意识到洋学的有效性外，还有什么其他的动机。[①]

尽管如此，但福泽谕吉并非幕末政治舞台的活跃人物。一方面在于，不论“攘夷”还是“倒幕”，这些政治主张都与福泽的基本政治构想大相径庭。身处既有体制内的他远离政治风暴的中心，没有理由参与其中对抗幕府。另一方面，幕末攘夷之风兴盛，社会动荡不安，暗杀活动不断，尤其是福泽这样的洋学家常被攘夷派视为眼中钉、肉中刺。在此情势下，福泽担心过于高调会招来杀身之祸，故而选择避其锋芒，在处世上极为小心谨慎：“晚上绝不敢外出，不得已需到外地去的时候也要化名，甚至连行李上都不敢写‘福泽’二字。”[②]从表面上看，这一时期福泽连写书都要伪装成不关心政治的样子，很少谈及时政与个人见解，大多以旁观者的口吻转译西学。《唐人往来》这部明确主张开国的小册子用了“江户铁炮洲某”的匿名，且不公开出版，仅以写本形式小范围流布于世。或许在时人眼中，彼时的福泽不过是与政治毫无牵涉的译者罢了。[③] 如此，不管是倒幕派还是佐幕派，《西洋事情》等介绍西洋文明的著作都成为他们用来认识世界与表述政见的参照。不过，就本心而言，福泽撰写《西洋事情》主要是为了向幕府当局介绍西方国家的“文明政治”，并且期待高层能够采纳其文明开化与富国强兵等政策建议。[④]

外压是福泽谕吉的思想与实践的触发前提与最终归宿。在幕末攘夷的社会风潮中，洋学先生福泽并未选择埋头书斋、不问世事，而是以明哲保身的姿态进入公共领域。与此同时，作为幕臣的福泽从反对锁国攘夷的立场出发，支持幕府的开国政策，并期待幕府实行政治改革。不经意之间流露出来的“按照自己所想的向将军灌输文明开港的道理，以指导他进行一次大的改革”[⑤]这一野心是其真实的政治心态。

---

① 参见[日]远山茂树：《福泽谕吉》，翟新译，北京：中国社会科学出版社，1990年，第36～37页。

② [日]福泽谕吉：《福泽谕吉自传》，马斌译，北京：商务印书馆，1980年，第190页。

③ [日]服部之総「福沢諭吉前史」、『服部之総全集7　開国』、東京：福村出版株式会社、1973年、第145～146頁。

④ 長尾政憲「幕臣福沢諭吉の政治思想発展過程：『西洋事情』成立の背景として」、『法政史学』、1987年第39卷。

⑤ [日]福泽谕吉：《福泽谕吉自传》，马斌译，北京：商务印书馆，1980年，第156页。

二、政治身份与政治心态的双重转换

第二次征讨长州之战的失利使德川幕府威信彻底坠地，加之因 1867 年第二次美国之行期间与上司发生冲突，回国之后被处以“禁闭”处分，福泽谕吉对幕府心生隔阂，处分解除后开始称病不出，终究与其佐幕的立场渐行渐远。幕末的乱局随着幕府一方在戊辰战争中不敌倒幕势力、明治政权的统治在日本全国范围内逐步稳固下来而宣告终结。幕府的倒台即幕府开明路线的破产，同时意味着身为幕臣的福泽之立身出世志向的挫败。①

明治政权成立之初，福泽谕吉的内心无疑是悲观失望的。因为他一直认定掌权的萨长势力是违背时势的攘夷派，所以忧心国家难以保持独立，担忧孩子的前途，甚至想让其出家以避身世外。远山茂树指出，福泽思想和政府政策的分歧在 1867～1868 年间趋于明朗化，此期他抛弃了“奉公武家”的立场，把自己置于市井“小民”的地位，使原有的生活方式发生重大的转变，更在 1869 年、1870 年之交，思想发生了划时代的转折。② 福泽丢弃双刀，放弃幕臣的身份，这意味着他从武士阶层的人身依附关系中彻底解脱出来，获得“自由”之身，也自然意识到个人独立的意义及其与国家独立的关联。在此基础上，福泽再三拒绝维新政府的邀请，彻底放弃了直接从政的机会，转而将全部精力集中于办学与著述。他将培养人才视为急务，不惜在战乱中花费巨资置地建校。在上野之战的隆隆枪炮声中，福泽依然坚持在校授课。庆应义塾成为动乱中日本唯一的讲学之处，他不无骄傲地表示：“这个庆应义塾为了日本的洋学与荷兰在出岛一样，不管社会上发生任何暴动和变乱，也未使洋学的命脉中断，庆应义塾没有停过一天课。只要这个学塾存在，日本就是世界上的一个文明国家。”③对此，服部之总的评论亦饶有意味：“面对已失去全部曙光的幕末现实，福泽只能期待自我——自身中‘西洋’的全部。这原本就不与其当时乃至终生的狂热‘爱国者’身份矛盾，非但不矛盾，他将现实中全部的热情都投入了这一矛盾统一中，一种知识分子式的非政治性的、机械式的空想浪漫主义的统一，即创立庆应义塾。通过教育改造日本人的精神，这便是

---

① 広田昌希『福沢諭吉』、朝日新聞社、1976 年、第 85 頁。

② ［日］远山茂树：《福泽谕吉》，翟新译，北京：中国社会科学出版社，1990 年，第 45～46 页。

③ ［日］福泽谕吉：《福泽谕吉自传》，马斌译，北京：商务印书馆，1980 年，第 177 页。

对幕末变革期彻底绝望的福泽所得出的悲壮结论。”[①]对现实政治全无指望的福泽通过办学与著述，践行旨在传播西学、改造日本的政治理念。在个体的社会实践中，潜藏着其爱国热情与救国期盼。

不过，令福泽谕吉大感意外的是，明治政权非但不是锁国攘夷政府，反而极富改革进取的精神。维新政权成立不久便宣布废除身份等级制度，与福泽的夙愿不期而会。福泽形容自己当时的心情“就好像自己写的脚本搬上了舞台，而自己正在台下看戏一样”，称这一举措乃“千载快事”，对于“废藩置县”，更是称赞不已，表示“除令人叹服外再无一言可加，诚乃千古壮举”，甚至“拍案大叫能亲眼目睹新政府的这一壮举死而无憾”。[②] 此外，维新政府将修改不平等条约视为头等重要的外交课题，与福泽不谋而合地将维护国家独立确立为最高目标。福泽遂心悦诚服于维新政府的全盘西化的近代化方针，对明治政府的态度发生了根本的转变。与此同时，幕末以来一系列著作的畅销和学塾经营的日益完善使福泽名利双收。这使其能够超越职业限制，不必委身于政府机构，而是继续通过言论活动等间接的方式，“独立自尊”地服务于根植于其内心的政治志业。因此，维新政府成立后，福泽不肯为官并不是说他从此远离了政治。福泽通过“排除‘权力偏重’——社会价值集中于政治权力的传统倾向”[③]，试图重塑社会其他领域相对政治的独立性，以修复传统弊端，革新政治生态。换言之，“独立自尊”这一标签只是意味着福泽没有将从事政治职业作为自己的谋生手段，即不是靠政治生存，而是为政治而生。

《劝学篇》是启蒙思想家福泽谕吉的起点。服部之总将《劝学篇》视为“作为实践期的福泽后史开始的宣言书”，指出其“背后横贯着一种坚定的社会根基”，文字内有“明确的政治指向”，饱含“对于维新政权未来的满腹同情、信赖和鞭挞之情”，并以1872年该书初编的出版为界，把福泽的生涯分为前史和后史。[④] 在写作风格上，福泽不再遮遮掩掩，一改以往的婉曲与讳饰，开始极

---

① 服部之総「福沢諭吉前史」、『服部之総全集7　開国』、東京：福村出版株式会社、1973年、第151頁。

② ［日］福泽谕吉：《福翁百话——福泽谕吉随笔集》，唐沄等译，上海：上海三联书店，1993年，第275、277页。

③ ［日］丸山真男：《福泽谕吉与日本近代化》，区建英译，北京：北京师范大学出版社，2017年。

④ 服部之総「福沢諭吉前史」、『服部之総全集7　開国』、東京：福村出版株式会社、1973年、第153、155頁。

力批判旧道德，将对西方文明的理解以自己的话语重新表述出来，俨然成为引领时代精神的导师。这一变化如实反映了福泽政治心态的转变。从总体而言，福泽站在支持明治政府的立场，以建构近代国民国家为目标，将培养具有独立精神的国民视为第一要务。在《劝学篇》中，福泽宣扬人人平等，称每个人都可以通过求知做到一身独立，由此提出了"人人独立，国家就能独立"[①]的政治命题。《文明论概略》是明治初期第一本从文明论的立场出发，观点明确地提供日本未来路向的设计。[②] 在前九章中，福泽在理论层面纵论文明的本质，指出与西洋文明相比，日本文明的缺陷在于"权力的偏重"，在政治上表现为统治者与被统治者之间的彼此隔绝，批判日本只有政府而没有国民。这与《劝学篇》的主旨是相通的。不过，在最后的第十章中，福泽颇为突兀地将维护国家独立列为终极目的，以西欧文明为目标的文明化反而后退为达到这一目的的手段。尽管以"独立自尊"作为人生的信条，但他绝非将个人独立与自由作为最终目标。福泽所谓的"个人独立"与国家独立密不可分，较之自由主义者或个人主义者，"强硬的国权主义者"与"热忱的爱国主义者"才是其真正面目。[③]

如萨义德所言："每位知识分子的职责就是宣扬、代表特定的看法、观念、意识形态，当然期望它们能在社会发挥作用……20 世纪的大作家热内就说过，在社会发表文章的那一刻就已经进入了政治生活；所以如果不要涉及政治，那就不要写文章或发表意见。"[④]在一定程度上说，知识分子难以脱离与政治生活的关联，或者说难以抵挡参与政治的诱惑。幕府倒台后，内心绝望的福泽一度回避政治，但很快修正了对明治政府的误判，并完成了对权力依附的超越和与维新政权的和解，在政治身份与政治心态上实现了双重转换。

三、政治"诊断医"的虚实及其挫败

知识分子群体在政治秩序重建过程中的作用是巨大的。作为政治参与者，他们能系统地阐述意识形态和话语，促进大规模团体的形成，使大众的信

---

① [日]福泽谕吉：《劝学篇》，群力译，北京：商务印书馆，1984 年，第 14 页。

② 参见[日]子安宣邦：《福泽谕吉〈文明论概略〉精读》，陈玮芬译，北京：清华大学出版社，2010 年，第 2 页。

③ 参见伊藤正雄『福沢諭吉入門』、毎日新聞社、1958 年、第 8～9 頁。

④ [美]萨义德：《知识分子论》，单德兴译，北京：三联书店，2002 年，第 92～93 页。

仰体系合法化。[①] 明治时期，知识与政治间的关系尤为紧密。身为洋学家与教育家，福泽谕吉不仅著作等身，而且门生故旧遍及朝野，通过言论活动和与政府高层的密切接触，对政府政策的制定产生了一定的实质性影响。例如，明治政府颁布的《学制》几乎与《劝学篇》(初编)的见解如出一辙。参与制定《学制》的文部省高官田中不二磨曾就教于福泽。当时社会上流传有“文部省在竹桥，文部卿在三田”的说法，福泽被看成文部省行政的幕后操纵者。[②] 在自传中，他将自己定义为政治“诊断医”：“对于政务，我是嘴里也谈纸上也写，但是只限于谈谈写写，自己并不想从事政务。这种想法宛如诊病医生只管诊断病原而不想给人治病，而且事实上恐怕自己也没有治疗的能力一样。谈到临床治疗，我虽然完全是个外行，但有时作为诊断医生来说也会有些作用。”[③]不过，这一说法并不准确。更为确切地说，福泽不仅抱着“一片言论能动天下人心”[④]的政治志向，而且多次地通过运用专业知识与其他方式，试图近距离地干预明治政府政策的制定与实施。

1874 年，因“征韩论”论争下野的板垣退助等人向明治政府提出《设立民选议院建议书》，批判藩阀政府专制，要求制定宪法、开设国会。声势浩大的自由民权运动骤兴。至 1889 年《大日本帝国宪法》颁布，围绕国家的发展方向与政体的建构方式，日本朝野内外议论不断，期间更爆发了数次大规模士族叛乱，如 1874 年佐贺之乱，1876 年神风连之乱、秋月之乱、荻之乱，1877 年西南战争等。在这一所谓“政治的季节”[⑤]中，福泽谕吉逐渐将关注的目光投向现实政治，开始积极向政府建言献策。在看待现实问题时，福泽的态度是复杂多变的，甚至还会有自相矛盾之处。比如，对于西乡隆盛反叛，福泽向政府提交建议书，称政府不问事由直接出兵讨伐，这样的处置方法对维新功臣西乡而言并不公平，提议应先行休战，对西乡进行公审，充分听取其辩解，再加以适当的处罚。在写于 1877 年的《丁丑公论》中，他同情道德高尚的西乡，指出防止政府专制，唯有抵抗一法，西乡起兵正是抵抗精神的体现。但令人费解的是，在《劝学篇》第七编中，福泽却主张民众在面对政府暴政时应

---

① 参见[美]博格斯：《知识分子与现代性的危机》，李俊、蔡海榕译，南京：江苏人民出版社，2002 年，第 1 页。

② 参见[日]远山茂树：《福泽谕吉》，翟新译，北京：中国社会科学出版社，1990 年，第 57 页。

③ [日]福泽谕吉：《福泽谕吉自传》，马斌译，北京：商务印书馆，1980 年，第 261 页。

④ [日]福泽谕吉：《福泽谕吉自传》，马斌译，北京：商务印书馆，1980 年，第 265 页。

⑤ 鹿野政直『近代国家を構想した思想家たち』、東京：岩波書店、2005 年、第 42 頁。

坚持以真理说服政府，而不是屈从或以武力对抗。

西南战争之后，言论取代武力成为在野人士反抗明治政府专制统治的主要方式。由于福泽谕吉大力倡导启蒙思想，促进了国民独立精神的觉醒，自然包括政治权利意识的萌发，他被大久保利通视为“民权论者的魁首”[①]。1879年，福泽发表《国会论》，主张尽早开设国会，并建议效法英国；翌年，他接受门生委托，为神奈川县士人起草请愿书，直接参与到国会开设请愿运动之中。不过，与激进的民权论者不同，福泽主张的“民权”并不仅限于参政权，或者说他并不鼓励国民直接参与政治，因为他将“权力的偏重”视为文明未开的表征，强调学术、教育、商业等社会领域相对于政治的独立性，甚至认为自由民权运动的领导者组织民权运动只是争夺权力的手段。在1875年与大久保利通的会谈中，福泽将国民权利分为所谓的“政权”与“人权”，称自己并不关心参政之权，认为“政权”应交由政府一手处理，自己争取的不过是人民实际的权益罢了。[②] 在1877年为应对士族反叛而撰写的《分权论》中，他又将权力区分为“政权”与“治权”，主张前者由中央政府承担，后者应分散到全国各地，以将不平士族对政治的关心引向地方自治。[③] 在福泽的言论影响下，该构想翌年即得以实现。1878年，明治政府在各府县设立了民选的地方议会。

值得注意的是，福泽谕吉担忧过激的自由民权运动有可能造成政局不稳，与日本争取民族与国家独立这一最高课题发生抵牾。因此，他一方面倡导“民权论”，另一方面鼓吹“国权论”，将“官民调和”作为基本的政治主张。《分权论》《通俗民权论・通俗国权论》《时事小言》等都是在官民调和的基础上直接或间接写出来的。[④] 尤其是在1881年出版的《时事小言》中，福泽谕吉写道：“天然的自由民权论为正道，人为的国权论为权道……那么我们应该遵

---

① 福澤諭吉「福澤全集绪言」、慶應義塾編『福澤諭吉全集』(第1巻)、東京：岩波書店、1958年、第64頁。

② 福澤諭吉「福澤全集绪言」、慶應義塾編『福澤諭吉全集』(第1巻)、東京：岩波書店、1958年、第64頁。

③ 参见[日]福泽谕吉：《通俗民权论・通俗国权论》，顾宁译，沈阳：辽宁人民出版社，2015年，第39页。

④ 福澤諭吉「福澤全集绪言」、慶應義塾編『福澤諭吉全集』(第1巻)、東京：岩波書店、1958年、第62頁。

从权道。”[①]这一宣言表明了福泽与启蒙思想的彻底诀别。[②] 以此为标志，福泽基本抛弃了天赋人权说，其政治立场愈发趋向保守。官民调和论受到植木枝盛等民权派论者的激烈批判，福泽甚至被视为民权的叛徒。就实质而言，官民调和虽然伪装中立，但却站在政府一边，通过标榜“中立”，起到给民权运动泼冷水的作用，福泽也坦承，借助官民调和，直接受益的是政府而不是人民。[③] 虽为在野之身，但福泽并不是激进的反体制者，他期盼由明治政府实施开明政策，自上而下地引入议会制。

明治十四年政变既是福泽谕吉与明治政府最为接近的时刻，也是其政治构想的又一次挫败，又在某种程度上影响了其思想的进路。对于立宪这一决定国家政治形态的重大议题，福泽表现出了异乎寻常的关心。他不仅积极普及英国的议会政治，更试图通过与大隈重信等人联手，将英国式立宪君主制移植到日本。在早期的《西洋事情》《英国议事院谈》等著作中，福泽就开始介绍英国的政党内阁制。在1879年出版的《民情一新》中，福泽从文明论视域出发，指出技术手段进步使人心变动不居，主张唯有英国的政治制度既能够满足人民变革的需求，又可以维持国家安定，因为英国的议会制度使“保守”与“革新”两大政党都有获得政权的可能，政权交替得以在平稳中实现。与此同时，西南战争使庆应义塾的经营陷入困顿，为筹措办学资金，福泽与政府高层接触日深，尤其与大隈重信建立起紧密的个人关系。1878年大久保利通遭到暗杀后，大隈成为明治政府的首席参议，且握有财政大权，是足以匹敌萨长藩阀的实力派政治家。福泽向大隈推荐了包括矢野文雄、中上川彦次郎、小泉信吉等庆应门生，并且利用这层关系，积极向大隈献策。横滨正金银行正是在福泽的建议下，由大隈主导在1880年设立的。[④]

1880年，福泽谕吉发起成立了“交讯社”，网罗了包括井上薰、岩崎弥太郎、马场辰猪等上千名政商界名流。虽然福泽本人再三强调这一团体并非政治结社，但在自由民权运动的浩大声势中，机关刊《交讯杂志》发布了所谓“私拟宪法草案”，“交讯社”还是被时人视为以福泽为首的“三田党”。明治政府

---

① 福澤諭吉「時事小言」、慶應義塾編『福澤諭吉全集』(第5巻)、東京：岩波書店、1959年、第103、109頁。

② 参见広田昌希『福沢諭吉』、朝日新聞社、1976年、第170頁。

③ 参见[日]鹿野政直：《福泽谕吉》，卞崇道译，北京：三联书店，1987年，第136～137页。

④ 参见玉置紀夫『起業家福沢諭吉の生涯ー学で富み富て学び』、東京：有斐閣、2002年、第127頁。

内部保守派井上毅在写给伊藤博文的信中，把福泽的“交讯社”视为自由民权运动的真正领导机构：“去年请愿开设国会之徒，今日敛声屏气，绝非归于静肃。据各地方报告，彼等皆忙于考究宪法，其考究宪法源于福泽之私拟宪法，除此无他。故今日福泽之交讯社笼络全国多数人民，有约束政党之最大利器，其势力行于无形之间，冥冥之中浸润人之脑浆，其提倡者恰似引十万精兵驰骋于无人之旷野。”[①]在井上毅的影响下，伊藤不再单纯将福泽视为民间人士。他叱责大隈身为政府的参议，竟然充当福泽之流的代理。因为在伊藤等人看来，由大隈提交的、福泽门生矢野文雄起草的关于立宪的建议书是激进轻率的，而且其英国式政党内阁制的政治构想基本是福泽《民情一新》的翻版。渡边俊一认为，明治十四年政变在表面上是政府内部围绕立宪的权力之争，实质上是福泽与井上毅之争，是由井上毅将明治维新以来开明思潮的象征福泽定位为政府之敌，以毁灭其社会影响力为目的而发动的一场思想战。[②] 随着北海道开拓使贱卖官产事件被媒体揭露，“大隈阴谋说”在明治政府内部流传开来，即大隈与福泽为首的“三田党”密谋，联合板垣等民权派及三菱会社，将贱卖官产的丑闻泄露给舆论界，从而打击萨长势力，一举颠覆政府。最终，明治政府在决定罢免大隈的同时，取消开拓使转让官产的许可，并以敕谕的形式约定于十年之后开设国会。

对福泽谕吉而言，明治十四年政变是一次彻底的挫败，不仅他与大隈、伊藤、井上薰三名参议约定的发行官报之事不了了之，更被政府视为煽动民权、策划政变的主谋。政府内部的庆应门生，包括矢野文雄、犬养毅、尾崎行雄等人被悉数逐出政府，福泽的英国式立宪君主制、政党内阁制的政治构想彻底化为泡影。由福泽和大隈力推的英国模式不敌井上毅与伊藤博文主导的普鲁士式体制。至此，围绕近代日本政体的设计大局已定。尽管“大隈阴谋说”只是捕风捉影，属于政府高层权力之争中释放的烟雾弹，但是福泽确实期望与大隈等开明政治家合作。经过明治十四年政变的挫折，福泽与政府拉开了距离，并最终确立了以独立的姿态通过言论活动进行社会指导的立场。[③] 此后，福泽基本放弃了近距离地影响政府政策制定的念头。与此同时，福泽与

---

① 井上毅伝記編纂委員会编『井上毅伝　資料篇第四』、國學院大學図書館、1971 年、第 47 頁。转引自[日]坂野润治：《近代日本的国家构想：1871～1936》，崔世广、王俊英译，北京：社会科学文献出版社，2014 年，第 36 页。

② 参见渡辺俊一『井上毅と福沢諭吉』、日本図書センター、2004 年、第 125 頁。

③ 参见北岡伸一『独立自尊—福沢諭吉の挑戦』、中央公論新社、2011 年、第 218 頁。

朝鲜开化党人接触日深，遂将关注视线投向海外，转至朝鲜与中国。在1882年《时事新报》的创刊号上，福泽标榜与党派保持距离，保持政治中立，强调该报的宗旨是“唯求大力扩张国权”[①]。不得不说的是，报纸这一大众媒介在为言论活动提供了便利的同时，在一定程度上使福泽启蒙思想家的成色大为褪色，使其言论的思想性出现了停滞乃至明显的后退。因为政论并非知识的生产，而是对政治的主观见解，甚至是极其情绪化的评论，并不要求学理性的论证。19世纪80～90年代正是中日两国围绕朝鲜问题屡发冲突直至爆发战争的阶段，这一时期福泽主张国内官民调和、对外扩张国权的政治立场几乎是一成不变的。

四、结语

1901年，福泽谕吉病故，日本众议院“满场一致”通过决议，对福泽去世表示哀悼。35年后，因为福泽主张扩张国权、插手朝鲜半岛，日本军国主义团体黑龙会将其视为“伟大的先觉者”，专门为其“立传”。[②] 2000年，在《朝日新闻》举办的“1000年以来日本政治领袖读者人气投票”活动中，民间的福泽得票高居第七位，甚至高于位列第十位的同时代政治家伊藤博文。[③] 应该说，所谓“独立自尊”的标签并没有掩盖福泽为政治而生的人生趣旨。从广义范畴上看，福泽的人生，包括前史与后史，都未曾远离政治。西方学者对知识分子虽没有获致一致的定义，但他们都肯定知识分子有一个共同的性格，即以批评政治社会为职志；从历史的观点看中国知识分子的传统，儒家的最初与最后的向往都是在政治社会秩序的重建上面。[④] 当福泽开始思考国家前途与民族命运、低调践行个体式的政治理念时，就已经踏入了泛政治领域。明治以降，巨大的社会声望甚至使福泽以“政府的导师”[⑤]自居，这和幕臣时期想要做“将军的老师”的心态亦有相通之处。

---

① 福沢諭吉「本紙発兌之趣旨」、慶應義塾編『福澤諭吉全集』(第8巻)、岩波書店、1960年、第10頁。

② 黒竜会編『東亜先覚志士記伝　下巻』、黒竜会出版部、1936年、第535～537頁。

③ 「この1000年・日本の政治リーダー読者人気投票　ミレニアム特集」、『朝日新聞』、2000年3月12日、第12頁。

④ 参见余英时:《士与中国文化》，上海:上海人民出版社，1987年，第114、126～127页。

⑤ 福沢諭吉「勲章などは御免」、慶應義塾編『福澤諭吉全集』(第20巻)、岩波書店、1963年、第414頁。

幕末时期，身处既有体制内的福泽谕吉期盼幕府推行开国政策，革新国内政局。明治维新之后，由于基本承认明治政府是文明政府，所以他没有同政府直接对立，也没有正面攻击过政府。[①] 对于福泽谕吉的政治立场，德富苏峰批评福泽主张的“官民调和”如空中楼阁毫无现实意义，更缺乏改革精神，并谈及其立场的转变：“福泽的前半生，或者说其生涯的开端，作为民众的引领者，启发了国民的觉悟。我们对此应表示感谢。如今，位置却发生了颠倒，他总是落在国民之后，居于进步分子之后。然而他仍像从前一样，动辄对人加以鞭策，反使人受到掣肘。实在令人叹息。”[②]山路爱山认为，福泽的政治立场转向保守与年龄增长无关，根源在于其政治观“始终着眼于全局的平衡”，是“与生俱来的保守党”。[③] 陆羯南更一针见血地指福泽为“社交上的激进者、政治上的保守者”[④]。换言之，福泽思想的革新性多集中于社会关系层面，例如，反对“官尊民卑”、排除“权力偏重”，主张学者在野和教育独立，倡导男女平等与“一夫一妻制”等。与此同时，无论在野与否，福泽都不是激进的反体制者，相对保守的政治立场贯穿其生涯的始终。

知识分子不应遁入书斋，也不可无限度地发挥政治激情，后者容易使人陷入现实主义的狂热。研究知识分子与现实政治的关系时，一方面要充分理解甚至肯定知识分子关怀现实政治之“忍不住”的正当性，另一方面更要正视知识分子贸然站上政治舞台去参与政治本身的极大冒险性。[⑤] 面对纷繁复杂的国内外政局，福泽谕吉不时出现对于时局的误判。保持适当的距离与专业的精神是知识分子介入政治的应有姿态。此外，如萨义德所言：“在集体的必要性和知识分子联盟的问题之间的互动中，没有一个国家像近代日本那样问题丛生又混淆不清，以致酿成悲剧。”[⑥]在《文明论概略》中，福泽再三强调：“国家的独立就是目的，国民的文明就是达到这个目的的手段”，“把所有这一切都作为达到最终目的的手段”，“举凡制度、学问、商业和工业等等无一不属

---

① 参见[日]鹿野政直：《福泽谕吉》，卞崇道译，北京：三联书店，1987 年，第 102 页。

② 伊藤正雄編『明治人の観た福澤諭吉』、慶応義塾大学出版会、2009 年、第 25 頁。

③ 伊藤正雄編『明治人の観た福澤諭吉』、慶応義塾大学出版会、2009 年、第 54 頁。

④ 陸實『近時政論考』、日本新聞社、1891 年、第 12 頁。

⑤ 参见杨奎松：《忍不住的“关怀”：1949 年前后的书生与政治》，桂林：广西师范大学出版社，2013 年增订版，第 405 页。

⑥ [美]萨义德：《知识分子论》，单德兴译，北京：三联书店，2002 年，第 39 页。

于这种手段”。[1] 在福泽的论说中，这一原理与现实之间的冲突是多见的，民族危机意识使自由、平等、文明等理念时常让位于民族主义或国家主义。丸山指出，这是由幕末维新时期知识分子对真理普遍性的信仰和其所肩负着“目的意思”的近代化的使命之间的内在矛盾所造成的。[2] 甲午战争期间，福泽为日本发动战争摇旗呐喊，彻底沦为侵略扩张的吹鼓手。在面对民族国家间的冲突和矛盾时，复杂的人性与国民性相互交织，知识分子参与政治的讨论，必须时刻警惕狭隘民族主义的拘囿。

① [日]福泽谕吉:《文明论概略》，北京编译社译，北京：商务印书馆，1960 年，第 200、204 页。

② 参见[日]丸山真男:《福泽谕吉与日本近代化》，区建英译，北京：北京师范大学出版社，2017 年，第 176 页。

宝志形象及其观音信仰东传日本之初探

张　雯[1]　蔡超敏[2]

[1]（山东大学外国语学院）

[2]（清华大学人文学院）

摘要：古代中国佛教史及其民间信仰之中，南北朝的宝志和尚形象被神化，并逐渐与密教十一面和十二面观音融合，形成了独特的观音信仰，此信仰不仅在中国长期流传，还通过遣唐使、入唐学问僧等人传到日本。探讨宝志形象及其观音信仰东传日本的时间与过程，是中世中日佛教交流研究的重要内容之一。

关键词：宝志；志公；观音信仰；密教；谶纬诗

一、绪言

宝志和尚（志公）是中国历史上著名的神僧、异僧，他的佛教地位崇高，其人其事长期流传于民间，还有人认为他是活佛济公的原型。后世其形象逐渐与观音菩萨结合，对日本的佛教以及观音形象、信仰均有一定影响。

关于宝志的神迹、其与十一面和十二面观音信仰的关系、何时东传日本等问题，中日学界的研究已经有所涉及。如牧田谛亮《中国近世佛教史研究》①、于君方《观音——菩萨中国化的演变》②、严耀中《汉传密教》③等著作中均有专门章节论述宝志与观音的融合过程以及该观音信仰在民间的普及。论文方面，何剑平④、李静⑤分别阐述了各自对宝志和观音融合年代的推断，

① ［日］牧田谛亮：《中国近世佛教史研究》，索文林译，台北：华宇出版社，1984 年。

② 于君方：《观音——菩萨中国化的演变》，北京：商务印书馆，2012 年。

③ 严耀中：《汉传密教》，上海：学林出版社，1999 年。

④ 何剑平：《张僧繇为宝志作画事迹之考释》，《华林》2003 年第 3 卷；何剑平《宝志诗歌作品真伪及创作年代考辨》，《中国俗文化研究》2004 年第 2 辑。

⑤ 李静：《宝志研究文献考辨》，四川大学硕士学位论文，2006 年。

其中虽然使用了日人史料，但基本没有涉及该信仰东传日本时间的问题。松本信道则探讨了宝志的造像首次东传日本的时间[①]。

杨明璋《唐宋志公神异传说与中日十一面、十二面观音信仰》一文[②]，较为全面地论及上述诸问题，观点进一步深化，对宝志及其观音信仰东传日本的年代也有相应阐述；但从论证角度和典籍史料的使用等方面来看，似乎还有进一步完善的余地。本文在梳理、结合上述前人研究的基础上，尝试从不同角度对宝志和尚形象的构建、演变及其观音信仰的东传年代考证进行些许补充。

二、宝志与观音信仰

志公和尚，又名"宝志""保志"，活跃于南北朝时期。最早对宝志生平作出记录是梁代陆倕所撰《志法师墓志铭》，其中云：

> 法师自说姓朱，名保志，其生缘桑梓，莫能知之。齐故特进吴人张绪兴、皇寺僧释法义，并见法师于宋太始初，出入钟山，往来都邑，年可五六十岁，未知其异也。齐宋之交，稍显灵迹，被发徒跣，负杖挟镜，或征索酒肴，或数日不食。豫言未兆，悬识他心，一时之中，分身数处。天监十三年，即化于华林门之佛堂。先是忽移寺之金刚像，出置户外，语僧众云："菩萨当去"。尔后旬日，无疾而殒。[③]

该文系墓志铭，篇幅较短，仅对宝志一生作了简要概述，从中可知宝志行迹异于常人，不仅行为举止奇特，还能预言未来、悬识他心，甚至自谓是菩萨化身。

梁僧慧皎著《高僧传》，较之《志法师墓志铭》稍晚，该文对宝志的灵异故事作了更详细的阐述，如：

> 齐武帝谓其惑众，收驻建康。明旦人见其入市，还检狱中，志犹在焉。志语狱吏："门外有两舆食来，金钵盛饭，汝可取之。"既而齐文慧太

① ［日］松本信道：《宝志像传入日本的背景》，《驹泽大学文学部研究纪要》2005年第63卷。

② 杨明璋：《唐宋志公神异传说与中日十一面、十二面观音信仰》，《汉学研究》2018年第36卷第1期。

③ 陆倕撰：《志法师墓志铭》，严可均编《全上古三代秦汉三国六朝文》卷五三，北京：中华书局，1958年，第6516页。

子、竟陵王子良，并送食饷志，果如其言……志后假武帝神力，见高帝于地下常受锥刀之苦，帝自是永废锥刀。齐卫尉胡谐病，请志，志往疏云“明屈”，明日竟不往。是日谐亡，载尸还宅。志云：“明屈者，明日尸出也。”①

《高僧传》重点阐述宝志可以预言未来、分身数处、视及冥府等灵异事迹。当然除宝志外，《高僧传》还记录了其他众多僧人的灵异事迹，均颇具神话色彩。

之后又有诸多文献如《南史》《太平广记》《石门文字禅》等涉及宝志生平，比之《高僧传》各有增减。归纳宝志和尚的形象特点，大致不外乎以下三点：一是早年行为未见异常，自齐宋之交始现灵异之迹，拥有预言未来、分身数处等奇术；二是举止怪异，常向人征索酒肴，不受佛门戒律约束；三是宝志自称是菩萨化身，生前曾以菩萨真身示人，圆寂前曾云“菩萨当去”。

由上可知，宝志虽生前自称菩萨且似乎曾显现菩萨真身，但其自身并未明确是哪位菩萨。然而至后世，民间逐渐开始盛传宝志和尚为观音菩萨，具体形象为十一面观音和十二面观音。② 那么宝志与观音的形象是从何时开始合二为一的呢？关于这一问题，何剑平认为该说法最晚起于唐睿宗景云二年(711年)以后。因《北山录》卷三《至化》云：“有陈征虏，悉家事志。志为现真形，光如菩萨像焉。有以观音为志，今或建之也。即今十一面观音也。”③因《北山录》作者、唐代僧人神清是元和间人(806～820年)，所以可推断至少在元和年间已有宝志为十一面观音之说。且按照常理思考，故事产生的时间应该比记录更早。而慧沼和尚约711年以后完成《十一面神咒心经义疏》，其中对“十一面观音”与“十二面观音”的关系作了教理诠释，宝志在后世故事中又多以十二面观音形象出现，综上理由，何氏认为“观音为志”的说法最晚出现于711年以后，即慧沼的义疏完成之时。

李静对此提出异议。她认为“即今十一面观音也”一句在《大藏经》中为

---

① 慧皎撰，汤用彤校注，唐一玄整理：《高僧传》卷一《梁京师释保志》，北京：中华书局，1992年，第395页。

② 杨明璋认为，9世纪中叶才出现宝志是十一面观音的说法，10世纪上半叶又有十二面观音之说，11世纪开始提到宝志和尚的观音像均为十二面，不再出现十一面。参考其论文《唐宋志公神异传说与中日十一面、十二面观音信仰》。

③ 神清撰，慧宝注，德珪注解，富世平校注：《北山录校注》卷三《至化第六》，北京：中华书局，2014年，第238页。

双行小字，即后人所加注释，而注者慧宝是北宋初人，故何氏推论不成立。另外《十一面神咒心经义疏》的完成并不意味着十一面观音信仰的确立，且“宝志为十一面观音化身”之说应晚于十一面观音信仰的确立，所以仅凭慧沼义疏无法断定当时宝志已经与十一面观音融合。她根据日僧圆仁《入唐求法巡礼行记》记载“志公和尚是十一面菩萨之化身……降灵于此长白山灭度，其后肉身不知所向”[①]，认为目前仅能确定宝志为十一面观音化身的信仰产生时间下限是840年，即圆仁巡礼长白山醴泉寺写下上述记录的时间。[②]

那么，李静仅凭圆仁的数行日记而作出的判断是否正确呢？日本僧人的留唐日记对宝志有专门记录，这是否意味着宝志其人或十一面观音信仰已经远涉海外、东传日本呢？有唐一代，随遣唐使团而来的众多学问僧和请益僧将中国佛教各宗派带回日本，可以说是中国佛教对日本影响最大的时期，所以在中日文化交流史上宝志的形象及其相关信仰是否也具有一定意义？结合“观音为志”信仰产生时间的疑问，下面讨论宝志和尚东传日本的过程及影响。

三、圆仁与宝志

唐代日本请益僧圆仁著《入唐求法巡礼行记》记载：

> （四月）六日早朝，主任施粥，又差一人相送指路。正西入谷，行过高岭，向西下坂，方得到醴泉寺果园。吃茶，向南更行二里，到醴泉寺断中。斋后巡礼寺院，礼拜志公和尚影。在琉璃殿中安置。户柱阶砌皆用碧石构作。宝幡奇彩，尽世珍奇，普列殿内。志公和尚本是十一面菩萨之化身，其本缘镌在碑上。[③]

圆仁一行在获得青州节度使所颁公验后前往五台山巡礼，途中在章丘参拜醴泉寺后写下上文。宝志与醴泉寺的关系，最早见于《大唐齐州章丘县常白山醴泉寺志公碑》，碑文收录于《全唐文》《金石萃编》《池北偶谈》等，但均缺字较多。从现存的文本中可知，有齐州正智寺都维僧仁万，俗姓李，字道寂

---

① ［日］圆仁著，小野胜年校注，白化文等修订校注：《入唐求法巡礼行记校注》，石家庄：花山文艺出版社，1992年，第252页。

② 李静：《宝志研究文献考辨》，四川大学硕士学位论文，2006年。

③ ［日］圆仁著，小野胜年校注，白化文等修订校注：《入唐求法巡礼行记校注》，石家庄：花山文艺出版社，1992年，第252页。

者，曾到此寺修行，此僧生前行为便有灵异，不似凡僧，在其圆寂之后此寺更是香火旺盛，相传“师游戏生死，示寂之后，愈显灵异，祈福禳患，无愿不从。乃至有患心痛者，取寺前少土和水服之，应时便愈，遗形是托，神灵于是，识为梁代志公再来于此者”[①]。后世地方志中也多有类似说法，如元代《齐乘》卷一：“于陵城西长白山，高二千九百丈，周六十里，昔陈仲子夫妻隐此。山阿有醴泉寺，相传志公卓锡之地。”[②]嘉庆《邹平县志》：“释道寂，俗姓李，齐州正觉寺都维僧，来居长白山……及师示寂，乃知为梁宝志后身也。”[③]

由上可知，醴泉寺之所以供奉宝志和尚，是因为唐代被认为是志公后身的仁万曾在此修行，这从侧面说明宝志和尚在圆寂近二百年后[④]，其影响力愈来愈大，在山东地区这种影响力甚至持续到清代，这与何剑平提出的唐代宝志信仰的密教化及其流行趋势相符。

《入唐求法巡礼行记》中所谓“志公和尚本是十一面菩萨之化身，其本缘镌在碑上”，“本缘”一词可作二解，一为“志公为十一面菩萨化身之本缘”，二为“志公和尚供奉于此寺之本缘”。足利喜六译注、盐入良道补注的日注本《入唐求法巡礼行记》云：“本缘：……此处指碑文上刻有宝志是十一面观音化身的传说。”[⑤]虽然日本学者认为“本缘”指“志公为十一面菩萨化身之本缘”，但《全唐文》《金石萃编》《池北偶谈》中所收录的该碑文均未提及“志公为十一面观音”一说。因此笔者更倾向于根据现存内容，认为此“本缘”作“志公和尚供奉于此寺之本缘”解。据此再大胆推测，圆仁所记“志公和尚本是十一面菩萨之化身”一说，也许并非是他看到碑文后才得知的，而很可能是来唐之前便已有此认知，当然也不能完全排除圆仁来唐之后从唐人或僧侣听说此事的可能。再看前一天的日记：“（四月）五日，早发……日欲申时，于仙人台前不村史家吃茶。问醴泉寺，主人答：‘从不村望西，直行十五里到醴泉寺。’”[⑥]此前

---

① 康熙《邹平县志》卷二，第 13 页 b。

② 于钦撰，刘敦愿等校释：《齐乘校释》卷一《山川》，北京：中华书局，2012 年，第 74 页。

③ 嘉庆《邹平县志》卷一六，第 41 页 b。

④ 康熙《邹平县志》卷二，第 13 页 b，“师卒于唐明皇帝太极三年，计去志公归化之岁凡百九十九年”。

⑤ ［日］圆仁著，足利喜六译注，盐入良道补注：《入唐求法巡礼行记》卷一，东京：平凡社，1982 年，第 297 页。

⑥ ［日］圆仁著，小野胜年校注，白化文等修订校注：《入唐求法巡礼行记校注》，第 251 页。

并没有唐人或僧侣向他介绍醴泉寺的蛛丝马迹，所以圆仁主动去参拜的可能性较大，即他早在日本时已知宝志，故慕名前来。

按照这个思路，我们可借助宝志信仰的东传及其在日本的影响进一步精确“观音为志”的产生时间。

四、戒明与宝志

宝志和尚及其相关信仰在日本佛教史上也有重要地位和影响，但国内学者对此关注甚少，日本佛教学者则有所论及。

牧田谛亮《中国近世佛教史研究》的《宝志和尚考——中国接受佛教灵验的一个形态》[①]一节，提及将宝志带回日本的直接人物是戒明，“戒明赞岐人，早年出家，拜大安寺庆俊为师，学华严。于光仁天皇宝龟（770～781 年）年间入唐，在金陵寺瞻拜傅大士的遗迹，又参访宝志的遗迹，‘复礼拜志公宅，兼请得志公十一面观世音菩萨真身。还圣朝，于大安寺南塔院中堂，素影供养’”。牧田认为“如果这座像真的就是戒明从唐带回来的，则这种奇怪的宝志像故事的产生，可追溯到代宗以前……今日宝志和尚的故事，是定型于代宗时代，不空密教盛行时”。所谓“奇怪故事”无非指宝志为“十一面观音”化身一事，唐代宗在位时间是 727～779 年，而十一面观音和十二面观音均是密教信仰，牧田结合中国密教的发展推测出上述大致的年代范围。

牧田引证的史料出自《延历僧录》之《智名僧沙门释戒明传》，该书由鉴真高徒思讬编撰于 788 年。按照该文献记载，则在此之前中国不仅已经有了宝志是十一面观音化身的说法，还有了相应的造像。《延历僧录》后文云“宝龟十年，城中诸僧都集大安寺，连署欲奏废大佛顶经。云是伪经。令戒明连署收取大佛顶梵烧。戒明不敢”[②]。可知至少在宝龟十年（779 年），戒明已经从唐土回到日本大安寺。

松本信道的研究，将宝志像传入日本的时间精确到戒明回到日本的宝龟九年（778 年）10 月 23 日至 11 月 13 日之间。同时他认为《延历僧录》戒明传中的上段引文，是中日两国关于宝志化身观音故事的最早记录，具有很高的史料价值。的确如他所言，“兼请得志公十一面观世音菩萨真身”这句话，无

---

① ［日］牧田谛亮：《中国近世佛教史研究》，索文林译，第 33～64 页。

② ［日］日本佛书刊行会编：《大日本佛教全书》卷一〇一《日本高僧传要文抄》，东京：佛书刊行会，1913 年，第 78 页。

论是戒明本人留下的言语，还是思讬撰书时加入的自身见解，都可以说明在788年以前的中国，已经流行有宝志为十一面观音化身的说法。[①] 这比何剑平、李静所推断的年代要提前数十年，符合杨明璋推断为8世纪的观点。

如果是第二种可能，即这一说法非戒明自唐朝带回而是思讬写入，则其成立年代仍有考证余地。思讬是唯一"始终六度，经逾十二年"追随鉴真的僧人，两人于754年到达日本，很可能在754年东渡以前，尚在唐土的思讬就已有了宝志为十一面观音化身的认识。鉴真虽为日本律宗之祖，但同时在日本也大力传播了天台宗和密宗。木宫泰彦《中日交通史》记载"法华寺本尊十一面观音"，即鉴真带来之"遗物也"。[②]

其实在鉴真之前，已经有众多归化僧定居日本，如道明，曾开寺并造十一面观音。

道明为大和长谷寺开基之僧，养老二年，造十一面观音，在日本密教发达史上，实不可忽视。十一面观音，名为秘密佛教之一尊，前文曾言平安朝初期，空海显扬之密教，实自奈良朝开其端，此可以养老时道明造十一面观音证明之。[③]

道明之后，还有荣叡邀请赴日的道叡，道叡之后才是鉴真。所以，日本密宗虽然由空海创立，但在他之前经过历代赴日中国僧人的努力传播其实已经具有相当的基础，十一面观音即为此重要标志之一。所以，虽然不能具体到年，但可以判断鉴真东渡之前，即754年以前十一面观音早已东传日本。而778年戒明带回宝志像或788年思讬著《戒明传》，说明当时"宝志＝十一面观音"的信仰进入了日本。半个多世纪后的840年，圆仁礼拜醴泉寺甚至在其赴唐之前，此信仰也许已经在日本佛教界流传已久。

松本信道还整理出当时戒明等日本三论宗僧人与鉴真、思讬等东渡僧的人际交往关系，推测戒明很可能在赴唐之前即已得知宝志像的存在，继而顺

① [日]松本信道：《宝志像传入日本的背景》，《驹泽大学文学部研究纪要》2005年3月第63卷。

② [日]木宫泰彦：《中日交通史》第二册，陈捷译，太原：山西人民出版社，2015年，第241页。

③ [日]木宫泰彦：《中日交通史》第二册，陈捷译，太原：山西人民出版社，2015年，第274页。

理成章地专门赴金陵请回了宝志像。[1] 所以戒明请回造像无疑是首次将体现"宝志＝十一面观音"信仰的实体带到日本,但在此之前该信仰是否已经通过鉴真、思讬等东渡僧在日本佛教界传播开来,即使没有具体的史料记载,我们也无法否认其可能性。

戒明请回的宝志像被安置于大安寺,今已不可见。当时的资料记载了这尊造像的特殊形态,如"以两手擗面皮,其中现佛身者也,其体不可思议也,倩见之有精灵"(《七大寺巡礼私记》)、"和尚自以右手自面割有别面"(《诸寺建立次第》)等[2],如今京都西往寺的宝志像即按此传说,脸部中央开裂,缝隙中可窥见观音菩萨真身。如果戒明当年请回的宝志像果真如此形态,那无疑与中国著名的张僧繇为宝志作画之传说相吻合。

五、结语

戒明自唐土带回宝志像,加之密教在日本的进一步传播与发展,宝志成为中世日本较有影响力的中国人物。平安时代以及之前的佛教典籍中经常出现宝志之名,自然与十一面观音、十二面观音信仰紧密相关。佛教领域之外,还有一首谶诗与宝志有关,即著名的《野马台诗》。

谶诗,通俗来讲即"预言诗"。据何剑平考证,宝志和尚的谶诗共有五首,散见于《南史》《隋书》等史传中,但在日本名气最大的《野马台诗》反而无法考证其出处。《野马台诗》序云"野马台诗者梁宝志和尚所作也……昔宝志和尚行道日,化女忽然而来与和尚俱语,恰如旧相识,一女去一女来,如斯一千八人也。皆谓本国之终始也。和尚怪之以千八人女,作文字者,乃倭字也。爰知是倭国之神也……呜呼志公是观音大士,不知自作倭国之谶乎",后面还有唐人将此诗打乱顺序列于纸上、吉备真备向祖国诸神灵求助、结果神灵落下蛛丝指导真备读完诗歌的故事。

平安时代后期的学者大江匡房最早提出,该诗是吉备真备自唐朝带回的。当代日本学者认为,最晚到奈良时代末期该诗已经流传到日本,且公认《延历寺护国缘起》所引延历九年(790 年)注释条"《野马台谶》,大唐梁代宝

---

① [日]松本信道:《宝志像传入日本的背景》,《驹泽大学文学部研究纪要》2005 年 3 月第 63 卷。

② [日]松本信道:《宝志像的日本传播——以大安寺为中心》,《驹泽大学文学部研究纪要》2006 年 3 月第 64 卷。

志和尚述，十一面观世音化身也”，是古代日本人对该诗解读的最早史料。[1]

此首谶纬诗后来在日本的流行，有着比较复杂的时代背景。深泽彻认为，宝志谶诗最初由佛教徒进行注释，后来日本谶纬诗兴起、知识阶层对国家建构产生危机感，所以《野马台诗》又进入了儒学领域。[2] 马云超也认为，室町幕府政局不稳、社会动荡，是当时谣谶四起的大背景。[3] 以著名的《江谈抄》和《吉备大臣入唐绘卷》为例，谶诗和吉备真备故事的知名度都很高，中日历来对该诗的解读与分析也不少，但大多只能作出相对性推论。至于这首诗的作者是否真的是宝志和尚，似乎都无法定论。但我们可以从中确信，宝志和尚的形象与信仰，8 世纪东传日本时均是与观音菩萨融合以后的样态。一位中国的所谓神僧，能够在日本的佛教、儒学、文学等各领域有持续几个世纪的影响力，其实也从侧面显示出中世中日文化交流的成果，印证了中华文明对日本的深远影响。

---

① 刘琳琳:《日本古代到中世的天皇世系话语》,《社会科学》2012 年第 11 期。

② 郭雪妮:《院政时期日本对唐观的一个侧面——古文献〈江谈抄〉中吉备说话的思想史背景》,《外国文学评论》2016 年第 11 期。

③ 马云超:《预言日本历史的南朝谶纬诗——〈野马台诗〉的虚与实》,《文史天地》2015 年第 3 期。

前近代日本释奠及释菜仪节的历史变迁

李月珊

（山东大学外国语学院　山东大学日本研究中心）

摘要：日本古代大学寮释奠采用唐代《开元礼》中盛大的释奠样式。中世时期朝廷释奠衰微，仅有少数地方武士举行释菜。近世前期随着儒学的流行，日本儒者的释菜采纳朱熹的《沧州精舍释菜仪》及明代释奠仪节；近世后期出现复兴日本古代《延喜式》释奠的倾向。日本释奠及释菜仪节在吸收不同时代中国仪节的同时，不断探索适合日本社会的实践方式，呈现出有别于中国的特色。

关键词：日本；释奠；释菜；开元礼；延喜式

祭孔仪式起源于中国，在历史上曾对包括日本在内的亚洲各国产生深远影响。古代祭孔仪式在农历二月、八月（即春秋仲月）的第一个丁日（即“上丁日”）举行，历史用语一般称之为“释奠”，其简略仪式称作“释菜”。日本于大宝元年（701 年）在官僚培养机构的大学寮中首次举行释奠，江户时代后开始流行释菜。祭孔仪式在几经衰落与繁盛的变迁之后，在现代日本各地仍被举行。本文将追溯日本释奠、释菜的历史，通过与中国的对比来明确释奠、释菜仪节（即有关礼仪具体步骤、用品的规定）的变迁过程，并探明其特征。

一、释奠、释菜的传入与名称

“释奠”一词在史料中最早见于《礼记・王制》及《礼记・文王世子》，如“释奠于先圣先师”“释奠于学”[①]，原指在学校里向“先圣先师”献上币帛、馔

---

① 《礼记・王制》：“天子将出征，类乎上帝，宜乎社，造乎祢，禡于所征之地。受命于祖，受成于学。出征执有罪。反释奠于学，以讯馘告。”《礼记・文王世子》：“凡学，春官释奠于其先师，秋冬亦如之。凡始立学者，必释奠于先圣先师。及行事，必以币。凡释奠者，必有合也。有国故则否。凡大合乐，必遂养老。”

(食物)、酒等供品的行为。在此,“先圣先师”指的是为学校教育作出功绩之人,并不是指某个特定人物。也就是说,释奠原本并不是祭祀孔子的礼仪。到了后世,祭拜对象才逐渐演变为以孔子为代表的儒家圣贤。汉代,在孔子的故乡阙里,对孔子的祭祀受到重视。汉明帝永平二年(59 年),朝廷下令地方学校用“犬”祭祀“周公、孔子”①。魏正始二年(241 年),“帝初通论语,使太常以太牢祭孔子于辟雍,颜渊配”(《三国志·魏书》)。可见在当时的太学祭祀了孔子、颜回。魏晋南北朝时期,释奠与皇帝、皇太子对儒学经典的学习发生了密切关系,后来形成了春秋的“二仲制”(即在春秋两仲月的上丁日举行仪式),仪式也得以完善。唐开元年间,释奠得到了高度的制度化,其详细步骤被写入《开元礼》。基本确立了祭祀先圣(孔子)、先师(颜子)、九哲(孔子门人)的祭祀样式。②

唐代样式的释奠传入日本,日本《大宝令》《养老令》的学令中规定,每年春秋二仲月的上丁日在大学、国学举行释奠。天平年间,遣唐使吉备真备从唐带回礼典,仿照唐礼完善了日本的释奠仪式。此外,“延喜大学式、载陈设、馈享、讲论之三事,凡诸国学舍,各释奠,国司行之。见延喜式第五十”③,可见平安中期编纂的《延喜式》规定了释奠的具体内容。唐代的“孔子、颜子、九哲”的祭祀方式被大学寮采纳,仪式的具体步骤皆模仿《开元礼》。

另一方面,“释菜”这一仪式传入日本要晚得多。《礼记》及《周礼》中已出现“释菜”一词。④“菜”指水菜等蔬菜类祭品。释菜的祭品较为简单,且省略了奏乐等步骤,可以说释菜是释奠的简略形式。释菜在北魏时期曾一度举行,此后长期废止。据说北齐的“拜孔揖颜”之礼遵照的便是释菜礼,唐代亦曾举行过释菜,但具体形式已不明了。有时“释菜”也被当作“释奠”的雅语,

---

① 《后汉书·礼仪志上》:“郡县道行乡饮酒于学校,皆祀圣师周公、孔子,牲以犬。”

② 颜子与九哲合称“十哲”。宋以后,确立了孔子与“四配”(即颜子、曾子、子思子、孟子)一同祭祀的形式。后来出现“先贤”“先儒”等“从祀”人员,祭祀群逐渐庞大。元、明、清时代“从祀”人选稍有变动,但基本以孔子、四配、十哲(十二哲)、先贤、先儒的顺序排列祭祀对象。

③ 见《续日本纪》卷二“本朝释奠”一条。

④ 《礼记·文王世子》:“始立学者,既兴器,用币,然后释菜。”《礼记·月令》:“上丁,命乐正习舞,释菜。天子乃帅三公、九卿、诸侯、大夫亲往视之。仲丁,又命乐正入学习舞。是月也,祀不用牺牲,用圭璧更皮币。”此外还有“舍菜”“舍采”“祭菜”等名称。《周礼·春官宗伯》:“大胥掌学士之版,以待致诸子。春入学舍采,合舞。”《礼记·学记》:“古之教者,家有塾,党有庠。术有序,国有学……大学始教,皮弁祭菜,示敬道也。”

使用时与释奠几乎同义。[1] 欧阳修(1007～1072 年)在《襄州谷城县夫子庙碑记》中写道:"释奠释菜,祭之略者……释奠有乐无尸,而释菜无乐,则其又略也,故其礼亡焉。"[2]指出无奏乐的释菜因其仪式简略而长期以来未被举行。然而宋政和年间(1111～1118 年)制定的《政和五礼新仪》卷一百二十三中可见"辟雍释菜仪"的条目,规定孟春(正月)、孟夏(四月)、孟秋(七月)、孟冬(十月)的朔日为释菜日,一年举行四次释菜。该仪式与每年春秋两季举行的释奠相比确实较为简略。此外,绍熙五年(1194 年)十二月朱熹在沧州精舍率领诸生举行的释菜是十分有名的。在仪式中,朱熹宣读了《沧州精舍告先圣文》,除先圣孔子及四配(颜子、曾子、子思子、孟子)之外,还祭祀了周敦颐、程伊川等理学家。该释菜的仪节《沧州精舍释菜仪》[3]流传于后世,对日本的释菜礼造成了很大影响。明代洪武年间(1368～1398 年)规定每月的朔日与望日在学校举行释菜。明代万历年间(1573～1620 年),释菜的祭品被定为兔、枣、栗、酒、蔬菜等,仪式的各项细节得到了详细规定。

日本举行释菜的实例最早见于中世的金泽文库。太田道灌(1432～1486 年)的个人和歌集《慕景集》中记载:"二月释菜,于金泽文库行之,三好日向守胜元处所求,添邻家梅花一题以为圣供。"[4]由此可知,金泽文库举行了释菜,并供奉了题为《邻家梅花》的和歌。然而此次释菜的具体情况由于史料限制所以并不明了。

到了近世以后,释菜逐渐被广泛举行。宽永十年(1633 年)二月,林家儒者在忍冈圣堂举行了释菜,是近世较早的实例。当时林罗山作汉诗《宽永癸酉仲春上丁始释菜于武州州学》,其中可见"释菜"一词。林罗山的儿子林读耕斋在庆安二年(1649 年)曾作《释菜说》一文,对于林家的释菜这样讲道:"既而释菜之仪成矣。是省倭唐之释奠,而学沧州之释菜者也。"由此可见,林家的释菜参照的是朱熹在沧州精舍的释菜,与古代日本及中国的释奠相比较为简略。到了元禄时期,在幕府的支持下林家新建了圣堂(汤岛圣堂),释菜也得到了大幅度完善。然而后世有人指出:"元禄盛举之后,政府令条尚称释

---

① 参见[日]弥永贞三:《古代日本的释奠》,《续日本古代史论集》下卷,东京:吉川弘文馆,1972 年。

② (宋)欧阳修:《襄州谷城县夫子庙碑记》,《欧阳修全集》卷三十九,北京:中华书局,1990 年。

③ 收于《朱文公文集》卷六十九。

④ 《慕景集》(写本),别名《慕京集》,日本高知县立图书馆山内文库藏。

菜，其实林氏传家之私祀，随袭其旧称矣。”[①]可见，元禄时期后圣堂的仪式虽得到整备，但其性质仍是林家私人的祭礼，所以沿用了“释菜”这一旧称。后来“释菜”与“释奠”两个名称出现混用，宝历、安永年间的汤岛圣堂曾制定新的仪注，皆称“释奠仪注”。宽政年间幕府的释奠改革之际，两词混用的问题得到了关注和解决。当时的记录《释奠私议》中对“释奠释菜之名义”进行了考证。其中讲道：“我邦据礼记王制郑注，合释菜奠币而称释奠，虽诸说纷纭，后世当从此古意。”[②]可见，释奠的“古义”指的是“释菜”加上“奠币”（放置币帛）。汤岛圣堂的仪式是存在“奠币”部分的。而“这般升为国学，永列官祀之恒典，改公称释奠，固其当然”[③]，也就是说，宽政改革后圣堂的祭祀完全成为官方仪式，故理应废用“释菜”一名而改称“释奠”。从宽政八年（1796 年）开始，汤岛圣堂的祭孔仪式统一采用“释奠”这一名称。[④]

关于“释奠”与“释菜”的名称，近世各地藩校及乡校的大多数并没有将两者严格区分使用。整体上来看，近世前期称“释菜”的居多，宽政期以后一般仿照幕府学问所汤岛圣堂的做法，称“释奠”。与前期相比，近世后期的藩校规模扩大，祭礼得到整备，这也在一定程度上促进了“释奠”这一较为正式的礼仪名称的使用。

不过，祭孔仪式的名称也曾引起过争议。在近世，除了武士教育场所的释奠以外，近世后期公家的释奠也实现了复兴。弘化四年（1847 年），京都设立了模仿古代大学寮的公家正式的学问所（学习院），以“大学寮释奠”为基准的释奠在此得到重现。然而在复兴过程中，公家贵族们认为“若称释奠，恐关东有不便，甚心忧”[⑤]，也就是说，他们担心把学习院的祭礼称作“释奠”会受到幕府的反对。这是因为释奠原本规模盛大，所花费用也多，如果恢复这样的释奠恐怕难以得到幕府的准许，所以公家们强调该仪式是“简易”的。同时也为了避免让幕府错以为朝廷想剥夺幕府释奠的正统性，公家们舍弃了“释奠”这一名称。他们变更了仪礼的名目，改称“圣像御祭”，实际上也称作“上

---

① 《释奠私议》（写本）“名目”条，日本国立国会图书馆藏。

② 《释奠私议》（写本）“名目”条，日本国立国会图书馆藏。

③ 《释奠私议》（写本）“名目”条，日本国立国会图书馆藏。

④ 《昌平志》卷五“仪节志”中有关于“释奠今仪”的记录：“释奠礼，按，旧仪称‘释菜’，宽政丙辰，改称释奠。”［日］犬塚印南：《昌平志》，《日本教育文库（学校篇）》，东京：日本图书中心，1977 年，第 150 页。

⑤ 见《桥本实万日记》嘉永二年（1849 年）五月一日条。

丁之事”“丁祭”等。例如嘉永三年(1850年)二月在学习院首次举行的祭孔仪式就被称作“丁祭”。然而看当日祭祀的情形,并不是公家许诺的“简易”仪式,而是颇为盛大。仪式步骤再现了古代大学寮释奠的样子,成了以关白为首、诸多公卿参加的一大庆典。虽然他们避而不称“释奠”,却有“释奠”之实,这种名不符实的做法值得深入思考。

及至近代,日本的释奠一时衰微,而到了明治后期,在各地又趋于复兴。此时,祭礼的名称除了“释奠”以外,还被称作“孔子祭”“孔子祭典”等。现在,汤岛圣堂每年四月的第四个周日举行“孔子祭”;足利学校自明治十四年(1881年)复兴释奠之后,至今每年十一月二十三日都举行释奠;九州的多久圣庙每年四月十八日和十月最后一个周日举行释菜。如今祭孔仪式作为地方传统祭祀,献官(主持献礼的角色)多由市长等人担任,当地的中小学生也参加仪式,有的地方还将传统的仪式步骤改造成了现代风格。祭礼的名称更多承袭历史沿革,与当今礼仪实际的盛大程度或简略程度不再具有直接关系。

二、古代的仪节——《延喜式》的释奠

仪节是对礼仪具体步骤、用品等内容的规定。记载释奠、释菜仪节的典籍多种多样,有各个时代官方编纂的礼典以及私撰的“故实书”等。对日本带来影响的礼典有唐太宗贞观十一年(637年)实施的《贞观礼》100卷、唐高宗显庆三年(658年)实施的《显庆礼》130卷、唐玄宗开元二十年(732年)颁行的《开元礼》150卷等,尤其是《开元礼》中与释奠有关的卷五十三《皇太子释奠于孔宣父》、卷五十四《国子释奠于孔宣父》、卷六十九《诸州释奠于孔宣父》、卷七十二《诸县释奠于孔宣父》等。其中,《皇太子释奠于孔宣父》与日本《延喜式》里的《大学寮释奠》一条内容基本相同。其内容分为斋戒、陈设、出宫、馈享(于庙堂举行的祭祀步骤)、讲学(于讲堂举行的经典释义、议论的步骤)、还宫等几项。其中,斋戒、陈设、馈享三者是具有宗教性质的仪式,构成释奠的本质部分,而其中最核心的部分是行三献之礼(初献、亚献、终献)的馈享。此外,与《皇太子释奠于孔宣父》相比,《国子释奠于孔宣父》较为简略,但仪式程序基本相同。《诸州释奠于孔宣父》与《诸县释奠于孔宣父》记载的是诸州学、县学里举行释奠的程序,《延喜式》中的《诸国释奠式》便是参照了这两卷。

在《延喜式》以前,日本还制定过《弘仁式》《贞观式》,其中也记录着释奠

的步骤以及各种规定。因反映两式全貌的史料缺失，许多方面尚不明确，但可以推断两式模仿的都是唐代《开元礼》。① 现在只有《延喜式》的式文保存得较为完整，其中的《大学寮释奠》之条、《诸国释奠式》之条是以唐《开元礼》为基础制定的，其内容基本一致，但也存在少许不同之处。弥永贞三的研究指出，《开元礼》的释奠中关于"文舞""武舞""永和之乐""肃和之乐""雍和之乐""舒和之乐"等乐舞的记叙在《延喜式》中被省略掉了，改成了"乐作""乐止"这样极为简略的描述。此处的"乐"具体指的是什么在文中没有交代。不过，《三代实录》贞观二年（860 年）十二月的记录写道，当时日本各地国学的释奠仿照"大学例"，演奏"风俗乐"。由此可推知，大学寮、国学的释奠中演奏的很有可能是"风俗乐"。另外，弥永贞三指出，释奠的讲论部分也十分具有日本特色。也就是说，《开元礼》的释奠讲论中皇太子既是主办者又是学生中的一员，而《延喜式》的释奠讲论中皇太子是超脱于其他参加者的宾客，而实际的主办者是上卿。在中国，皇帝、皇太子时常亲临释奠，而在日本，除了神护景云元年天皇亲临释奠的例子、恒贞亲王（仁明天皇的皇太子）亲临释奠的例子以外，天皇、皇太子亲自参加释奠的例子并不多。而且在日本，释奠次日于皇宫举行"内议论"，天皇诏令众学者进宫讲学，这种"召师"的做法与唐礼中尊师的立场有显著不同，反映了超脱于律令法之外的日本天皇与中国皇帝的不同性质与立场。②

除了仪式步骤，释奠中所需要的物品及供给部门在《延喜式》中都有详细的规定。例如大学寮释奠所用鱼虾贝类及海藻类（宫内省的贽殿）、各种谷物（大炊寮）、蔬菜类（内膳司）、酒（造酒司）、油及火把（主殿寮）等祭品都由专职人员制作和提供，从而保障仪式的顺利进行。

《延喜式》的释奠仪节在大学寮中不断被运用，然而安元三年（1177 年）四月，大学寮遭遇火灾而被烧毁，从此没有再建。从同年秋天开始释奠改为在太政官厅举行。以太政官厅为庙堂举行的释奠程序在藤原定家（1162～1241 年）所著《释奠次第》中有详细的记载。《释奠次第》应该是时任参议的藤原定家在参加了建保三年（1215 年）的释奠之后不久写成的。仪式的主要

① ［日］弥永贞三：《古代日本的释奠》，《续日本古代史论集》下卷，东京：吉川弘文馆，1972 年。

② ［日］弥永贞三：《古代日本的释奠》，《续日本古代史论集》下卷，东京：吉川弘文馆，1972 年。

步骤包括庙拜、寮飨、讲论(讲经与论义)、百度座(一种祭神酒宴,有饮酒)、宴座(进行明经、明法、算道的三道论义及文人赋诗的宴会)、稳座(发表诗句的宴会)等程序。其中,寮飨原本是在大学寮的正厅里举行的,但大学寮焚毁之后改在太政官厅的东厅举行。在寮飨这一步骤中,上卿以下的参加者要进行饮食,但藤原定家的注记中称,“近例”里寮飨的步骤被省略,不再举行。①

此外,记录释奠仪节的还有掌故家所写的“有职故实书”,如平安时代的《西宫记》《北山抄》《江家次第》等。其中记录了将大学寮释奠式简化后的“雨仪”仪式。不论如何,《延喜式》的释奠仪节在大学寮焚毁后虽然无法得到严格的遵守,但其基本步骤却得到了维持。

中世战乱后许多朝廷礼仪断绝,而释奠以类似“雨仪”的简略形式一直持续到了 15 世纪的应仁之乱时期。在地方,足利学校及九州菊池氏的圣堂等地都独自举行释奠。在公家社会里,释奠的传统以诗会的形式被传承下来,以三条西实隆家的诗会最为有名。不过,这些仪式从规模上来讲都无法与古代大学寮的仪式相媲美,皆为比较简略的仪式。

三、近世前期林家塾对释菜仪节的摸索——以《沧州精舍释菜仪》为起点

到了近世,从宽永十年(1633 年)二月起林家的忍冈圣堂开始举行释菜,其仪节是以朱熹的《沧州精舍释菜仪》为基础制定的。承应三年(1654 年),林罗山在文章中写道:“今兹二月仲丁释菜……欲效朱子沧州之仪,世异地殊,或有小异。”②可以看出当时的释菜仿照了朱熹的沧州精舍释菜,并作了些许修正。然而,林罗山在同一文章中还写道:“时盥漱靧面,登圣堂,肃拜周旋,远忆太学寮之事载于延喜式而今未存也。告朔礼废,羊亦亡矣。可以长吁。”可见,林罗山十分怀念《延喜式》中记载的盛大的大学寮释奠,内心期待实现释奠的复兴。

虽然林家最初的释菜颇为简略,但林家家主一直致力于完善仪节。宽文四年(1664 年)二月,林鹅峰抓住京都伶人来江户的机会,邀请他们来先圣殿

---

① 参见[日]所功:《冷泉家本〈朝仪诸次第〉与〈释奠次第〉》,《芸林》2000 年第 49 期。

② 见林罗山写给石川丈山的赠答文。[日]林罗山:《林罗山文集(上)》,东京:鹈鹕出版社,1979 年,第 91 页。

进行演奏。林鹅峰后来作《先圣殿奏乐记》[①]一文，记载了当时的情况："自营圣殿于武城之东郭忍冈以来，既逾三十年，聊存笾豆之事，未奏管弦之声。"可见他对先圣殿的释菜未曾演奏乐曲之事深感遗憾，并写道："今兹春正月，伶工正四位下伯耆守狛朝臣近元，应官事自洛来江府。留滞之间，偶逢仲春上丁，携高庸等子侄拜圣殿，合奏筝笙笛筋春风之调……乃喜此殿礼乐始备，不亦幸乎。"可见林鹅峰因先圣殿的释菜初次备有礼乐而感到无比喜悦。

宽文十年(1670 年)，林鹅峰奉幕府之命编撰的《本朝通鉴》成书，八月举行了规模盛大的释菜，兼以庆祝此次编纂工作的完成。当日释菜仪式的程序被记录在《庚戌释菜记》一书中。其程序主要包括"陈设""升堂""唱迎神词""伶工奏越天乐""扬帘""初献""亚献""终献""分献""讲义""五问五答""读诗""送神""下帘""礼毕""埋币、燔祝文、纳祭器、饮福酒"等。[②] 值得注意的是，奏乐、讲义、读诗等程序在《沧州精舍释菜仪》中是不存在的，可以说是林家儒家下意识整备的步骤。林鹅峰曾说："自承应甲午之春，其式渐备。顷岁论议不阙，诗有序者。且奏丝竹，唱迎送词，其法聊近古之释奠。"[③]由此可知，奏乐、论义、作诗等做法模仿的是古代释奠，这些做法在承应三年(1654 年)以后的林家释菜中得以整备。此外，在宽文十三年(1673 年)的时候，林鹅峰在日记《忍冈南塾乘》中讲道："见唐书礼乐志、朱子沧州释菜仪，及延喜式、江次第，参考汉倭释菜之例，塾建之后四十年余，释菜二十余度，逐年损益，皆有所据，近年渐备。"[④]此处列举了《唐书·礼乐志》《沧州精舍释菜仪》《延喜式》《江(家)次第》等有关释奠、释菜的和汉典籍，可见扩大了参照典籍的范围，努力实现了礼仪的整备。

林家塾的释菜在元禄四年(1691 年)新汤岛圣堂完工之后，得到了进一步的整备。同年二月举行的释菜中，将军德川纲吉率领老中、亲信等一同参列。当时仪节的基本程序与林鹅峰时代的《庚戌释菜记》记载相同，只是记录

---

① 参见[日]林鹅峰：《鹅峰林学士文集(上)》卷三，东京：鹈鹕出版社，1997 年，第 68～69 页。

② 迎送神词、初献词、亚献词、终献词的具体内容在《庚戌释菜记》的附录中有所记载。

③ 《西风泪露》。[日]林鹅峰：《鹅峰林学士文集(上)》卷七十八，东京：鹈鹕出版社，1997 年。

④ [日]林鹅峰：《忍冈南塾乘》，日本东北大学附属图书馆藏。

得更为详细。[①] 如"扬帘"后，有"开文宣王并四配橱子之户"等对具体动作的指示，"三献""饮福""分胙""撤供"之后，又详细记述了"引者点香，书格者起座，就于西方漆阶坛上。捧书格，跪揖于三献官前，竖问义。答毕一揖而退，三问者四问者问于亚献官，五问者问于初献官，如初"[②]等，由此可见"问义"这一程序的具体步骤。此外，"引者点香，文台者起坐，执西方漆坛上之诗卷置于香案前。讲师起坐至文台前，读师起坐至文台右，讲师读三献之师复坐，读师又然。讲名者起坐，代讲师悉读与祭者姓名毕复坐"[③]，详细描述了"献诗"这一程序。值得注意的是，"送神"以后，执行仪礼之人皆离席，随后"大学头信笃衣冠下袭，其余皆着假六位服。既终再出行殿，寄附御大成殿之料千石，信笃并母妻子女之辈有赐物。进御吸物御酒，有御拍子御仕舞，释菜诸生拜见，中刻回驾"[④]，可见当时的仪式存在赏赐、宴会、歌舞的环节。这样的记述在此前的释菜中并不能见到，这也反映了纲吉将军亲临的此次仪礼规模颇为盛大。另外值得注意的是，"献诗""宴会"等步骤在中国唐代以后的释奠及释菜仪节中很少出现，可以说是日本保留的一个独特的古代传统。

在宝永六年(1709 年)德川家宣成为将军之后，过去林家释菜的方式遭到了极大的否定。否定意见来源于家宣的亲信、儒学者新井白石(1657～1725 年)。白石批判了历年来林家释菜的做法，向家宣提交了他所写的《释奠仪注》。宝永六年(1709 年)八月，家宣参加了汤岛圣堂举行的祭礼，该仪式参照的便是新井白石的《释奠仪注》。此后，在宝永七年(1710 年)七月二十五日，新井白石又向将军家宣提交了《圣庙参诣次第》，随后三十日又献上了《圣庙御释菜一献四拜之次第》。[⑤] 新井白石制定的这些新仪式未能现存，不过从宝永七年(1710 年)八月四日汤岛圣堂释菜的相关记录中可以推测其

---

① 《昌平志·旧仪》。[日]犬塚印南:《昌平志》,《日本教育文库(学校篇)》,东京:日本图书中心,1977 年。

② 《昌平志·旧仪》。[日]犬塚印南:《昌平志》,《日本教育文库(学校篇)》,东京:日本图书中心,1977 年。

③ 《昌平志·旧仪》。[日]犬塚印南:《昌平志》,《日本教育文库(学校篇)》,东京:日本图书中心,1977 年。

④ 《昌平志·旧仪》。[日]犬塚印南:《昌平志》,《日本教育文库(学校篇)》,东京:日本图书中心,1977 年。

⑤ 新井白石的日记中写道:"上圣庙参诣次第,并元人来寇考……持参圣庙御释菜一献四拜之次第,进越前殿。"[日]新井白石:《大日本古记录　新井白石日记(下)》,东京:岩波书店,1953 年,第 120 页。

内容。须藤敏夫的研究指出，主要存在以下两个特点。[①] 一是将军亲自主持了释菜。依照新井白石新制定的《圣庙参诣次第》，将军家宣率领诸大名驾临释菜仪式，亲取盛有酒的"爵"，将其供奉至神位前。此时的将军不再仅仅"观礼"，而是亲自担任了献官。第二点是变更了礼服与参拜方法。在宝永七年(1710年)八月的释菜中，家宣本欲身穿"束带"[②]参加释菜，而新井白石进言称"直垂乌帽"更合古礼。他讲道，唐土先王的礼服为直垂领，而圆领本是中国北方民族胡人的服饰，因此直垂领比圆领更符合礼仪。此外，日本的乌帽为周朝冠制的遗制，头巾则为后世新出之物。因此白石改革拜庙时的服制，为循正统古礼，以"立乌帽子"为冠，服装则为"直垂"。此外，白石还改革了参拜的方法，把"九拜"之一的"振动拜"用于释菜。[③] 他在《折焚柴记》中写道："九拜之中，至于振动拜，倭国存其礼，见于郑大夫之说，言授神拜之仪，遂授奉其仪。"[④]换言之，新井白石认为振动拜既是中国的古礼，也是日本的古礼。《三国志·魏志·倭人传》中记载邪马台国的风俗："见大人所敬，但搏手以当跪拜。"《日本书纪·持统纪》中记载："皇后即天皇位。公卿百寮罗列，匝拜而拍手焉。"可见在古代日本，拍手是一种表达敬意的传统，在天皇即位仪式的拜礼中也采用了拍手的做法。所谓"振动拜"的拍手仪式在将天皇视为神的"神拜"中被使用，而新井白石首次将"振动拜"应用到了释菜中。

就这样，林家的传统做法被极大改变。然而不久随着家宣的死去和德川吉宗的继任，新井白石也被迫下台，他的释菜改革也被撤回，林家释菜又恢复了原来的样子。到了吉宗时代，汤岛圣堂的释菜被要求消除奢华，节约经费。此后的时代，圣堂经历了数次火灾及重建，而释菜仪节也随着圣堂的变迁得到了数次的修订。

四、近世中后期汤岛圣堂的释奠仪节——从参照明代释奠到回归《延喜式》

宝历年间，汤岛圣堂因腐朽、失火而进行了多次整修和重建。如宝历

① 参见[日]须藤敏夫：《近世日本释奠研究》，京都：思文阁，2001年。

② 日本平安时代以后天皇和文武百官在朝廷上穿的正式服装。带帽，穿袍。

③ 《德川实纪》第七篇。[日]黑板胜美编：《新订增补国史大系》卷四十四，东京：吉川弘文馆，1965年，第113页。

④ [日]新井白石：《新井白石全集》卷三，东京：国书刊行会，1977年，第718～719页。根据桑原武夫的注解，"倭国存其礼"为唐代陆德明所言，新井白石误以为是郑兴之语。

十一年(1761年)因腐朽而进行的重修,因安永元年(1772年)的失火而在两年后进行的重建,因天明六年(1786年)的失火而在翌年进行的重建,宽政十一年(1799年)进行的大规模修建等。每次修建时,都会进行新的祭孔仪节的修订。

例如宝历十一年(1761年)的圣堂改修后写成的《宝历中昌平学校释奠仪注》[①](别名《宝历辛巳都讲久保喜左卫门泰亨订正仪注》),其内容详细说明了"前期二十日""前期十日""前期六日""前期三日""前期一日"等释奠仪礼的先行步骤。在"前期一日"之时,"挂从祀画像六幅于神坐之左右,堂内布猩罽红毯,建龙旗,清道幡于入德门外"。此处的"猩罽红毯""建龙旗""清道幡"等显然是明代释奠中出现的记述。同样,释奠当日演奏的曲词都有了详细的记录,这在以前的仪注里是很少见的,其内容采用的是明嘉靖年间选定的释奠乐章。[②] 如"唱迎神"(曲词曰:大哉孔圣,道德尊崇,维持王化,斯民是宗……)、"送神曲"(词曰:有严学宫,四方来宗,恪恭祀事,威仪雍雍……)、"初献词"(词曰:大哉圣师,实天生德,作乐以崇,时祀无斁……)、"亚献词"(词曰:百王宗师,生民物轨,瞻之洋洋,神其宁止……)等。

此外,安永三年(1774年)圣堂再建后新制定的《国学释奠仪注》(别名《安永戊戌都讲关永一郎修龄订正仪注》)也保存了下来。[③] 其内容包括"前五六日"的"演习仪节"及"前一日"的"致斋"等准备,以及仪式当日的"歌迎神词""司乐奏乐"等,不过乐章的具体内容被省略了。此外,"扬帘""升阶""启椟""撤馔""撤祝板""撤币篚""合椟""下帘""上香""讲经""读诗""送神""垂帐""礼毕""焚祝币""藏器"等步骤被记载得较为简洁。最后还记载了"馂"——即掌仪、祝者、主祭官等分福酒、祭胙的步骤。从"馂"这一表述可以看出受到了朱子家礼的影响。《国学释奠仪注》的作者、担任林家塾学头的关松窗[④](1727~1801年)在制定仪节时曾作《国学释奠仪注质疑》[⑤]一文,列举了当时仪礼的问题点。关松窗在考虑改正仪注时,参考了明代释奠和朱子祠

① 宝历十一年春昌平校都讲久保泰亨撰《昌平学校释奠仪注——宝历中昌平学校释奠仪注》,日本内阁文库、京都大学等藏。

② 嘉靖十年的释奠乐章基本沿袭了宋代乐章,也有变革之处。如"宣圣"改为"孔圣","圣王"改为"圣师"等。

③ 藏于日本国立国会图书馆、内阁文库、东京大学等。

④ 关松窗,名修(脩)龄。从学于井上兰台,宽延三年入昌平黉。

⑤ 安永七年(1778年)所作。引文出自日本国立国会图书馆藏《耕猎录》三。

堂祭祀(朱子家礼)的相关礼仪。关松窗认为,林家初期的释菜与朱子家礼及朱子的沧州精舍释菜仪有相通之处,而元禄期以后的释奠参考的是唐《开元礼》和明《阙里志》,并对其进行了取舍。他注意到,当时的释奠中并未设立"沙池"("茅沙盘")。"沙池"虽不见于古礼中,但不管是在《大明集礼》中还是朱子家礼的"祠堂降神"中均有此物出现,所以关松窗认为应当在释奠中采用此物。[①] 此外,当时释奠的顺序错乱,如在"迎神"(迎接神明)后进行"卷帘"(卷起门帘)、"启椟"(开启门扉)的做法是错的,应仿照朱子家礼中的"奉主就位"(安置神主),把"启椟"改为"降神"。[②] 此外,在"送神"(送别神明)这一步骤里,应按照明代释奠的焚"祝"、焚"币"以及家礼祠堂祭的"焚祝送主"(焚烧祝版送神)来举行。[③] 从中可看出,安永年间关松窗改订的释奠制度是融合了明代释奠制与朱子祠堂制的产物。

在宽政期的释奠改革中,这样的融合性样式得到了进一步的改革。宽政二年(1790年)幕府下令复兴正学以后,在任用儒官、增设改建学舍、学问考试及素读考试等一系列改革措施之外,圣堂的释奠也进行了改革。[④] 林家的私塾成了幕府直辖的"学问所",新的"圣堂学规"及职务分工被制定,且从外部聘来了尾滕二洲、古贺精里等儒者。释奠具有了完全官营的性质。在宽政九年(1797年)春天的释奠中,林家一族垄断献官的惯例被打破了,林家主祀有疾的情况下可由幕府任命的儒官担任。宽政十年(1798年)二月的春祭中,释奠前日将军派遣了"侧众"来代表将军献上供品。此后成为惯例,一直延续到近世末期。此外,大名们也被强制要求参加释奠,或是献上神器。

同年,庙殿进行了大规模的改建,有记录称"追行其式故事也。其规画一效明制,杂以时宜……其兴造之盛,实近世所未有也"[⑤]。宽政十一年

---

① 《国学释奠仪注质疑》:"凡祭有茅沙盘,一曰沙池。大明集礼释奠有沙池,祠堂降神,酹酒奠爵祭酒必倾茅沙上。是古礼未见,或昉于后世,然祭必设焉。今无设沙池,又无酹酒祭酒之仪,是不为缺典邪。"

② 《国学释奠仪注质疑》:"一,迎神后卷帘启椟恐先后失次,不如仿家礼奉主就位,而降神之仪乃启椟,而迎神次序自顺。"

③ 《国学释奠仪注质疑》:"一,明释奠孔庙,送神讫乃取祝与币,诣望瘗位,以炬燎火,俟半燎实土半坎,赞礼唱礼毕,献官以下各以次出。家礼祠堂祭,焚祝送主。今俟祭讫,献官师执事者,焚祝与币于神厨炉上,殆无所妨。"

④ 参见[日]须藤敏夫:《近世日本释奠研究》,京都:思文阁,2001年,第153~154页。

⑤ 《昌平志》卷二,事实志。[日]犬塚印南:《昌平志》,《日本教育文库(学校篇)》,东京:日本图书中心,1977年,第93页。

(1799年)九月,新庙殿竣工,十一月举行了盛大的迁座仪式,从此圣堂名副其实地被幕府管理了。以往的释奠中,儒员门人可以自由参拜,然而圣堂和学问所受幕府管理之后,想要参拜的人必须提前获得许可,且禁止"僧道"之人参观释奠。若"诸侯人及士大夫家从"中有人想要参拜,则需事先"其主为之请,始许与观"。[①]

幕府为了整顿释奠的仪节,命大学头林述斋和大乡良则等人调查研究释奠的典例,经过重重评议制作了仪式书及绘图。[②] 宽政十二年(1800年)大乡良则等人提交了释奠仪节的调查结果《释奠私议》。宽政十二年(1800年)正月各儒官收到相关指示,其中第一条为:"此度释奠仪注,全据开元礼延喜式,其中当时不便之处,略加更改。"[③]可以得知,新仪式书的最大特征就是参照了古代《延喜式》中大学寮释奠的样式。

宽政十二年(1800年)春季的释奠首次按照新制定的仪节举行。《昌平志》中写道:"二月(下丁)始释奠。改定仪节大加釐正,其礼一依延喜式,揆之以时宜。凡事之涉于虚文者,皆罢之。"[④]此次春祭之后,仪节又经历了重重审议,变得更加完善。从宽政十二年(1800年)秋季的释奠开始,负责释奠的轮值、执役人员都会提前收到关于释奠的须知——《释奠心得之觉》,其中极其详细地记录了服装、仪式步骤以及注意事项等。宽政十二年(1800年)八月改订的《庚申仲秋释奠仪注》与《延喜式》的释奠几乎一模一样,释奠的祝文也和《延喜式》中在先圣前宣读的祝文完全一致。[⑤]

当时的儒者大乡良则对宽政期释奠改革中复原《延喜式》的理由作出了如下解释:

---

① 《昌平志》卷五,仪节志。

② 《宽政十二年庚申二月释奠记》,《释奠私议》附录,日本国立国会图书馆藏。

③ 《宽政十二年庚申二月释奠记》,《释奠私议》附录,日本国立国会图书馆藏。

④ 《昌平志》卷二,事实志,第95～96页。

⑤ "定为万世不易之永式"的新仪的祝文、步骤与《延喜式》的释奠基本相同。如"享日质明,诸享官各着当色服,赞唱者帅赞者……乐止,祝持版进于神位之右,北面跪,读祝文曰:维某年岁次月朔日子征夷大将军谨遣官位姓名敢昭告于文宣王,惟王固天攸纵,降诞生知,经纬礼乐,阐扬文教……以颜子等配,尚飨……进颜子神位前,北向奠爵……减取正位及配位前胙肉共置一俎"。不过也存在区别。例如,《延喜式》中作为配祀的是先师颜子,作为从祀的是闵子骞、冉伯牛、仲弓、冉有、季路、宰我、子贡、子游、子夏,而新仪中的配享为颜子、曾子、子思子、孟子,从祀为周子、程伯子、程叔子、张子、邵子、朱子。新仪的"配祀"与"祝文"间有不一致的地方。参考[日]须藤敏夫:《近世日本释奠研究》,京都:思文阁,2001年,第147页。

> 良则按，延喜式全模仿开元礼，反复讲贯，其仪简易，次序条达，后世宜据用之，无过之者。朱子亦称唐开元礼却好，开宝礼只是全录开元礼，易去帝号耳，如政和五礼则甚错。又明国子司业宋濂《孔子庙堂议》称，古者释奠释菜名义虽存，而仪注皆不可考，开元礼仿佛仪礼馈食篇，节文为详，所谓三献，献后各饮福，即据尸酢主人主妇及宾之义也。当时议礼者，本于周之旧，且杂以魏晋相传之仪而制之。抑如今之新仪沿革适宜，与从前之旧式比，实可谓无跛倚临祭之失矣。[①]

由此可知，朱熹认为唐《开元礼》比宋代的《开宝礼》和《政和五礼新仪》更为优越[②]，大乡良则认同这一说法。他还引用了明代宋濂的《孔子庙堂议》中的内容，认为释奠、释菜从古时候开始就只存名称而其详细的仪注不明，只有《开元礼》中详细记录了类似《仪礼·馈食》的内容。也就是说，《仪礼》这一礼经的经文中出现的"周之旧"(古礼)与"魏晋相传之仪"相混合，最终构成《开元礼》中的部分内容。因此，"全模仿开元礼"的日本《延喜式》一定程度上反映了古礼的内容。回归《延喜式》的宽政期释奠"新仪"比过去杂糅了《阙里志》及明制的"旧仪"更加"沿革适宜"。再加上《延喜式》之仪简易且顺序明晰，可以避免"跛倚临祭"(祭礼中姿势不正确)的弊害。总之，当时之所以回归《延喜式》中的释奠，其根据就在于认识到了礼的保存路径，即：正确的礼(礼法)＝古礼＝《开元礼》＝《延喜式》。[③]

宽政期幕府释奠的变革后来对各地的释奠都产生了影响。《延喜式》的释奠记录在藩校的仪礼整备过程中被参照，后来在公家学问所的学习院也复兴了《延喜式》的大学寮释奠式。

不过，这样的传统随着近代学制改革和废藩置县而暂时画上了句号。明治后期各地的祭孔仪式逐渐复兴，其样式既有以传统样式为基础的，也有崭新的神道样式。关于日本近代以后的祭孔仪式在此不作详述。当今各地举行祭孔仪式的例子参照表1：

---

① 《释奠私议·新仪》。

② (宋)朱熹：《朱子语类》卷九十。

③ 关于宽政改革中复兴《延喜式》的问题参考詹姆斯·麦克马伦：《荻生徂徕、松平定信与宽政期的孔子崇拜》，《日本思想史研究》2013年第45号；李月珊：《宽政期昌平坂学问所的释奠改革与礼的问题：教育世界的敬神与秩序》，《日本思想史研究》2015年第47号。

表 1　　当今日本举行的祭孔仪式一览

	场所	所在地	日期	名称
1	足利学校	栃木县足利市	11 月 23 日	释奠
2	汤岛圣堂	东京都文京区	4 月最后的星期日	孔子祭
3	闲谷学校的孔子庙	冈山县备前市	10 月最后的星期六	释菜
4	九米至圣庙	冲绳县那霸市	9 月 28 日	释奠
5	多久圣庙	佐贺县多久市	4 月 18 日和 10 月最后的星期日	释菜
6	庄内藩校致道馆的圣庙	山形县鹤冈市	9 月最后的星期六	孔子祭
7	德修馆的圣庙	山口县周南市	10 月上旬	释菜
8	白木圣庙	佐贺县杵岛郡江北町	4 月 21 日	孔子祭
9	长崎孔子庙	长崎县长崎市	9 月最后的星期六	孔子祭/释奠
10	道明寺天满宫的孔子庙	大阪府藤井寺市	5 月上旬的星期日	释奠
11	东日本国际大学的孔子庙	福岛县磐城市	6 月下旬	大成至圣先师孔子祭
12	岐阜县知新馆	岐阜县惠那市	4 月中旬	释奠/孔子祭

五、结论

本文主要整理了释奠、释菜仪节的历史变迁。日本的古代、中世虽然存在“释奠”，却不存在“释菜”。释菜是在近世 17 世纪以后出现的。唐礼，特别是《开元礼》中的释奠仪式给日本带来很大的影响，以它为范本制定的《延喜式》释奠仪式从古代到近世都成为日本释奠的典范。另一方面，朱熹的《沧州精舍释菜仪》随着近世朱子学的流行而被近世初期的释菜所采用。

此外，明代以后的礼典、朱子家礼的记述都曾被近世中期以后的日本释奠、释菜采用过。近世后期，特别是宽政期以后出现了把唐礼视为最正统仪礼的倾向，《延喜式》释奠的复兴在幕府的学问所得到了实现。近世日本人之所以重视《延喜式》的释奠，是因为他们认为“正礼＝古礼”留存于日本古代法令制度中。就像新井白石主张的那样，日本的乌帽是周冠的遗制，是古礼的留存。

实际上，客观来看，《延喜式》释奠并非完全传承唐礼或是“古礼”，比如《延喜式》释奠中演奏的是日本独有的“风俗乐”。也就是说，礼仪中一些“日本化”的现象在较早的时期就开始了。此外，仪节中出现的“献诗”“宴会”等步骤及“振动拜”的拍手仪式都是日本释奠及释菜仪节中出现的独有特征，可见日本在吸收借鉴中国礼仪规定的同时发展出了本土化的礼仪特色。

教学研究

日语初级阶段慕课建设与混合式教学方法改革初探[①]

王慧荣

（山东大学外国语学院）

摘要：近年来，以在线开放课程为依托开展混合式教学改革已成为日语教学改革的重要课题之一。笔者结合教学经验，主持制作了在线开放课程《综合日语入门》慕课资源和《综合日语 2》SPOC 课程资源，以这些资源为依托，从教学理念的革新、教学模式的更新、考核方式的改变三个方面，初步实施了线上线下相结合的混合式教学改革。在这一过程中既积累了一定的经验，也发现了实际存在的问题，为今后继续深入开展日语教学的混合式教改奠定了良好的基础。

关键词：日语教学；慕课建设；混合式教改

随着《教育部关于一流本科课程建设的实施意见》（教高〔2019〕8 号）的颁布，2019 年 11 月，教育部正式启动了国家级线上线下混合式一流课程的认定工作。这表明开展线上线下混合式教学改革已经成为当前教育改革中最重要、最迫切的课题之一。调查表明，由上海交通大学于 2019 年举办的第一届全国高校混合式教学创新设计大赛中，共有 663 门课程参赛，而其中获奖的日语类课程只有 1 门。由此可见，目前要在日语教学中深入开展线上线下相结合的混合式教学改革，无论是在课程资源的数量方面，还是在教学实践的水平方面，都有进一步提高的空间。在此背景下，笔者结合自身多年的教学经验，主持制作了在线开放课程《综合日语入门》慕课资源和《综合

① 本文为山东大学 2020 年教改项目“以在线开放课程为依托的《综合日语》初级课程混合式教学改”（项目编号：2020Y051）的阶段性成果。

日语2》SPOC课程资源，并以这些资源为依托，在课堂教学中实施了线上线下相结合的混合式教学。接下来，笔者将在介绍上述课程资源建设情况的基础上，总结并反思如何在初级阶段的日语课程中更好地开展混合式教学改革。

一、在线课程资源的建设

在线课程资源是开展线上线下混合式教学改革的基础，笔者多年来从事日本专业本科一年级的日语专业主干课程《综合日语1》及《综合日语2》的教学工作。为了在课堂教学中实施混合式教学方法的改革，笔者主持制作了两个相关的课程资源。其一是与《综合日语1》课程相对接的在线开放课程《综合日语入门》，目前已经在中国大学慕课平台上线，并运行了两个周期。另一个是与《综合日语2》课程相对接的SPOC课程资源，目前也已经在中国大学慕课的山东大学SPOC平台上运行了一个周期。这两个课程资源的建设为混合式教学改革的实施提供了必要的资源保障，下面将从设计思路、具体内容及实际应用情况等角度对这两个课程资源进行介绍。

就在线课程资源的设计思路而言，遵循点面结合的原则，既关注课程重点、难点知识的讲解，又注意初级阶段整体语法框架的构建。《综合日语1》与《综合日语2》是日语专业一年级本科生必修的专业主干课程，由于绝大多数学生是零基础开始学习日语，所以需要掌握的知识点数量非常多。而以往教学过程中由于受学时所限，课堂教学中一直存在“教师讲”与“学生练”不能兼顾的矛盾。在课程前期，当所学知识点简单易学、不需要教师花太多时间讲解的情况下，学生在课堂上能够得到较为充分的语言输出训练，学生的语言运用能力提升较快。而到了课程后期，随着学习内容的增加和难度的提升，教师不得不占用更多的课堂时间来讲解知识点，学生课堂上进行语言输出练习的时间被挤占，导致其实际运用语言能力的提升减慢，学习效果不理想。为了解决这一矛盾，笔者在设计在线课程资源时，结合课程内容的进度及学生学习的特点，主要围绕课程的重点和难点进行录制。将知识点的讲解放在网上，学生不但可以通过在线课程对重要知识点进行预习和复习，还可以通过反复观看课程视频学习难点知识。这既为学生学习提供了便利，使得他们能够将课外时间充分利用起来，实现课堂内外的有效衔接，同时也为教师的课堂教学节约了时间，使得教师能够将更多课堂时间用在学生素质和能力的培养上。与此同时，为了避免知识点的碎片化，在建设在线课程资源时，笔者还十分注重日语初级阶段语法框架的构建。《综合日语入门》慕课和《综合日语 2》SPOC 课程这两个在线资源既有各自独立的体系，又相互衔接，具体的课程内容及应用情况如下：

《综合日语入门》慕课资源适用《综合日语 1》课程的教学要求，分别设置了日语语音与假名书写、日语四种基本句式的构成与时态、日语的主要句子成分这三个部分，共计 28 讲，具体内容如下：

第一部分是日语语音与假名书写，主要讲解五十音图的发音要领与书写规则，共计 8 讲：

第 1 讲　日语的文字

第 2 讲　五十音图(1)あ行～さ行

第 3 讲　五十音图(2)た行～ま行

第 4 讲　五十音图(3)や行～わ行

第 5 讲　浊音与半浊音(が行、ざ行、だ行、ば行、ぱ行)

第 6 讲　长音、促音与拨音

第 7 讲　拗音与拗长音

第 8 讲　日语的声调

第二部分是日语四种基本句式的构成与时态，主要讲解体言断定句、形容词谓语句、形容动词谓语句、动词谓语句的构成及时态变化问题，并在此基础上讲解了四种句式的连接方式。这部分的重点内容是动词谓语句的学习与应用，涉及到动词的连用形 1(ます形)和连用形 2(て形、た形)的变化，难点是动词持续体与动词过去式的应用。这部分是慕课课程的主体部分，共计 14 讲：

第 9 讲　体言断定句的现在式(自己紹介)

第 10 讲　体言断定句的过去式(昨日は何曜日でしたか)

第 11 讲　形容词谓语句的现在式(料理はおいしいです)

第 12 讲　形容词谓语句的过去式(昨日の天気は良かったです)

第 13 讲　形容动词谓语句的现在式(私の趣味)

第 14 讲　形容动词谓语句的过去式(試験)

第 15 讲　存在句(私の寮)

第 16 讲　动词谓语句现在式(1)

第 17 讲　动词谓语句的现在式(2)(田中さんの一日)

第 18 讲　动词谓语句的过去式(買い物)

第 19 讲　动词持续体的构成

第 20 讲　动词持续体的意义

第 21 讲　四种句式的连接形式

第 22 讲　接续助词与接续词的连接

第三部分是日语的主要句子成分，主要讲解了日语的补语、状语与定语的用法，重点是初级阶段的常用助词的用法，难点是动词作定语的形式。这部分共计 6 讲：

第 23 讲　补语 1：格助词に、へ的用法

第 24 讲　补语 2：格助词で、と的用法

第 25 讲　副词、形容词连用形、形容动词连用形作状语

第 26 讲　连体词、体言、形容词、形容动词作定语

第 27 讲　动词现在式与过去式作定语

第 28 讲　动词持续体作定语

从以上内容可以看出，《综合日语入门》慕课并未采用单词→语法→课文→练习的传统授课模式，而是根据笔者多年的教学经验，选择了对于初学者而言最重要、最易出错的内容进行讲解。同时在第二部分还设计了初学者应当掌握的几个会话场景，旨在强化学生口语输出能力的训练。最为重要的是，由于日语知识点较为分散，随着学习内容的增加，初学者非常容易陷入"只见树木不见森林"的困境。因此有必要从入门阶段起就有意识地引导学生养成日语学习的"全局观"，即将一个个零散的知识点放在日语语法的整体大框架中去学习。正是出于这样的目的，《综合日语入门》慕课并没有依托任何一本教材，而是从"日语句式"这一角度出发，教给学生如何从实际表达的需要出发选择合适的句式，从而帮助初学者在入门阶段就开始搭建起日语语法的整体框架，这对于学生提高学习效率、突破学习的瓶颈都十分有利。该课程目前已经在中国大学慕课平台运行了两个学习周期，第一期选课人数 13000 余人，第二期选课人数 18000 余人。在课程的评论区，学生们有不少留言与反馈，如"看完这个我日语才是真的入门了，教科书的知识点太散了，没有一个大纲，完全没办法掌握，老师做的视频就是我想做的一个体系……""我听过对日语语法的多种讲解，王老师的这门课对语法讲得最清楚明白，解开了我之前的不少疑惑（知其然而不知其所以然）……""我是日语零基础，老师教得很好很系统，听课之后能对日语的构成有大致的了解"等等。从以上学生的评价与反馈来看，可以说笔者的设计初衷基本实现。

《综合日语入门》旨在构建日语初级阶段的语法体系，而《综合日语 2》SPOC 课程资源则是以日语的实际应用为导向，以教会学生如何在入门之后开口讲日语为目标，归纳梳理了初级阶段需要掌握的日语表达方式，主要有如下内容：

(1)命令与禁止的表达方式：なさい・てください・てくださいませんか、てはいけません・ないでください

(2)愿望与意志的表达方式：ほしい・ほしがる、たい・たがる、う・ようと思う、つもり

(3)授受关系的表达方式：くれる・くださる、あげる・差し上げる、もらう・いただく

(4)条件假设的表达方式：と、ば、たら、なら

(5)进行推测的表达方式：でしょう、そうだ、ようだ、らしい、かもしれない

(6)讲述传闻的表达方式：そうだ、と聞いている、と言われている

(7)描述事态趋向的表达方式：てくる、ていく

(8)日语的敬语表达方式：尊敬語、謙譲語、丁寧語

(9)被动态、可能态与自发态的表达方式：れる、られる

(10)使役态与被役态的表达方式：せる・させる、させられる

以上课程资源在中国大学慕课的山东大学 SPOC 平台上线，只面向山东大学日语专业一年级学生开放。这些内容紧密对接实际的教学内容，同时尝试将不断增加的知识点体系化。在 2020 年秋季学期，受新冠疫情影响，《综合日语 2》课程全部进行线上授课。SPOC 课程资源的开发，为顺利开展线上教学提供了十分有利的条件。下面笔者主要以《综合日语 2》的在线教学为例，对 2020 年秋季学期的课堂教学中所开展的混合式教学方法改革加以总结和反思。

二、混合式教学模式在课堂教学中的应用

进行线上与线下相结合的混合式教学改革，首先要解决的问题就是教学理念的革新。笔者以往的教学以日语知识讲授和语言能力拓展为主，注重语言技能训练。但这种教育理念已经不能适应新形势的要求，需要转变为知识传授、能力培养、人文素养三者合一的育人模式。为此笔者结合 2020 年发布的《普通高等学校本科日语专业教学指南》，对《综合日语》初级阶段课程的教

学目标从以下三个方面进行了重新设定：

(1)知识目标：能够准确使用标准日语进行发音与书写，熟练掌握日语的基本句式、各类活用语的变化规则、各类句子成分的应用、各类句子的衔接手段及常用修辞手法等知识，了解日本语言文化的基础知识，形成进行中日跨文化交际的基本学科知识结构。

(2)能力目标：具备运用日语进行日常简单交流的口语输出能力，以及使用日语撰写书信、日记等文章的书面输出能力，掌握不同文体的写作技巧和翻译方法，养成利用网络信息资源学习的自主学习能力，训练学生进行中日语言文化比较及社会文化比较的思辨能力。

(3)素养目标：立德树人，实现价值观引领，培养学生具备良好的道德品质和社会责任感，结合现实生活中的热点话题培养学生的中国情怀和国际视野。

以上三个目标的相关内容在以往的教学中已经有了较为充分的积累，只是尚未有意识地整合为一个有机整体，此次借实行混合式教学改革之机，笔者也尝试着将三者进行系统化整合。其中知识目标的教学主要放在线上，让学生通过在线自学的方式，预先完成知识点的学习；而在实际的课堂教学中着重完成能力目标与素质目标。其中能力目标的教学采取小组合作机制，将学生以随机分组或固定分组的方式分为若干小组，在课堂教学中秉承以学生为中心的原则，让学生通过完成分组任务达到“以练促学”的效果。教师在课堂教学活动中主要担任组织者、引导者和评论者的角色。素质目标的教学则通过将课程思政融入实际教学内容来实现价值观的塑造和综合素质的培养，主要由教师选取适合思政教育的素材作为课堂素材的补充或直接替代原有的教材内容。实际上笔者在课程思政方面也有了一定的积累，主持完成的《综合日语1》“课程思政教学案例”获得了山东大学2018～2019学年优秀课程思政教学设计案例二等奖。今后思政内容的导入、育人理念的更新将会持续不断地在教学活动中被付诸实践。通过以上教学理念的革新，笔者致力于将《综合日语》初级阶段课程打造成一门以价值塑造、能力培养和知识传授为核心的“三位一体”的混合式课程。

混合式教学是指在学习过程中，将课堂教学与在线学习相融合，以达到教师引导与学生自主学习相结合的目的，从而提高学生自主学习的能力。因此实施混合式教学改革的主要任务是教学模式的更新。在笔者开展的《综合日语》初级课程的混合式教学改革中，依托已经建设好的课程资源，实现了教学模式从传统的课堂教学单一模式向教学活动在课前、课中和课后三个阶段全程覆盖的混合式教学模式转变。在课前阶段，要求学生通过 SPOC 在线课程资源进行自主学习，并完成线上自测题目。学生在线学习过程中遇到的问题可以通过在线平台或 QQ 群给老师留言，授课教师则通过在线留言或 QQ 群及时解答问题。同时教师还将根据学生的留言和反馈，精确掌握学生学习过程中遇到的困境，动态调整线下课程中的相关教学内容。在课中阶段，教师从学生的课前留言中抓取问题点导入课程，并讲解课程的重点内容，同时围绕课程内容的重点、难点和问题点，组织学生开展各种语言输出训练活动。课堂教学环节引入翻转课堂的教学模式，让学生分组进行要点回顾、重难点训练和问题点讨论等活动。在这些活动中，教师扮演了活动引导者的角色，而学生则是活动的主体，真正达到"让学生动起来""让课堂活起来"的目标。在课后阶段，一方面给全体学生布置课后练习，并要求将主观翻译部分在线提交，通过老师测评或学生互评的方式在线打分。另一方面，布置部分学生分组排练情景剧，通过背台词的方式记住关键知识点。在这个过程中，课堂上跟课吃力的学生可以通过课后练习进一步巩固所学内容，而课堂上"吃不饱"的学生则可以在老师指导下，通过互联网资源自主查找相关资源，进一步拓展学习内容。上述三个阶段环环相扣，是课上课下混合、线上线下混合的课程教学全过程混合式教学。

实施混合式教学改革，除了更新教学模式之外，改变考核方式、加强过程性考核的比重也十分必要。在以往的教学中，课程的考核分为平时成绩和期末成绩。平时成绩由学生的日常课堂表现成绩或者期中测试成绩构成，课程的过程性考核形式单一。在笔者实施的混合式教学改革中，对平时成绩的考核方式作了全新的设置：学生的线上学习成绩与课堂表现成绩共同构成平时成绩。线上的学习成绩借助在线学习平台的统计工具，可以实现对学生日常学习状况的细化统计。以《综合日语 2》SPOC 在线课程中的课堂讨论环节参与人数统计为例来看，该课程选课学生总数为 28 人，每次在线课堂讨论的参加人数如表 1 所示：

表 1　　在线课程的课堂讨论人数统计

	参加人数(人)	参加率(%)
课堂讨论 1	27	96.43
课堂讨论 2	26	92.86
课堂讨论 3	27	96.43
课堂讨论 4	27	96.43
课堂讨论 5	26	92.96
课堂讨论 6	28	100
课堂讨论 7	27	96.43
课堂讨论 8	27	96.43
课堂讨论 9	27	96.43
课堂讨论 10	26	96.43
课堂讨论 11	27	96.43
课堂讨论 12	27	96.43
课堂讨论 13	27	96.43
课堂讨论 14	27	96.43
课堂讨论 15	26	92.86
课堂讨论 16	26	92.86

从表 1 可以看出，该课程共设计了 16 个课堂讨论，学生的参与率最高为 100%，最低为 92.86%。通过这样的统计数据以及学生在讨论环节的发言，教师可以更加及时地把握学生的学习状况。

与以往平时成绩由教师给分的方式不同，在混合式教学模式中，平时成绩采取了学生互评与教师评分相结合的方式。从“互评作业 1”来看，全班28 人全部参评，互评率达到 100%，同时还要求每个同学至少评价 5 份作业，充分保证了学生通过作业互评的模式互相学习。再从成绩分布来看，“互评作业 1”满分 100 分，28 位同学的最高分为 99 分，最低分为 94 分，平均分为96.9 分，成绩分布分别为 94 分 1 人，95 分 2 人，96 分 6 人，97 分 9 人，98 分8 人，99 分 2 人，这样的成绩分布与实际的课堂教学环节相呼应，直观地反映了学生的实际学习状况。学生互评方式的引进，不仅丰富了考核形式，还可以促进学生之间的相互学习。由上述课堂讨论与互评作业构成的考核贯穿课程始终，是真正意义上的过程性考核，由此构成的平时成绩也会更加客观、公正。

综上所述，笔者致力于在《综合日语》初级阶段课程中开展混合式教学方法的改革，目前已经建设了必要的在线课程资源，完成了整体框架的搭建。同时也开展了初步的实践，在教学方法的改进方面积累了一定的经验。当然，在不断改进教学方法的过程中，也有若干问题得以暴露，如在线课程平台的资源需要进一步补充，学生的互评方式还需要进一步丰富，在线课程与实际课堂之间的衔接还有待进一步完善等等。这些都是在今后的教学实践中需要不断摸索和改进的课题。

政策研究

日本地方公共卫生应急管理体系及新冠肺炎的应对[①]

——以北海道疫情应对为例

高梓菁

（山东大学国际问题研究院）

摘要：2020年1月新型冠状病毒肺炎（以下称“新冠肺炎”）在日本境内出现后，日本从中央政府到地方自治体都采取了一系列应急防控措施。本文简要介绍了日本地方自治体在面对突发公共卫生事件时的应急管理体系以及与中央政府的协调机制，然后，以北海道政府应对新冠肺炎疫情的政策措施为例，总结出日本地方自治体在此次新冠肺炎疫情应对中的主要表现和特征，为我国地方政府进一步完善公共卫生应急管理体系提供借鉴。

关键词：公共卫生事件；新冠肺炎；公共卫生应急管理体系；日本地方自治

2020年1月16日，日本厚生劳动省发布消息称，神奈川县内医疗机关管辖保健所报告一例疑似病例。1月25日，该患者样本经日本国立传染病研究所检验，得出结果为阳性，这是日本境内出现的首例新冠肺炎感染者。[②] 随后，新冠肺炎疫情在日本国内呈现出扩散的趋势，日本中央政府紧急发布各项号召，却并没有得到地方政府的积极响应，例如安倍晋三在2月27日请求全国各地公立中小学自3月2日起停课。此后，该决定受到日本多个地方自治体的反对，京都、金泽等地表示暂不执行这一决定。在此情况下，安倍不得不于28日

---

① 本项研究得到山东大学国际问题研究院“疫情防控研究专项”的资助。

② 「新型コロナウイルスに関連した肺炎の患者の発生について（1例目）」、厚生労働省、2020年1月16日、https://www.mhlw.go.jp/stf/newpage_08906.html.

再次宣布，关于停课事宜“希望各学校和各地方进行灵活判断”。[①]

由此可知，在面对新冠肺炎疫情时，日本地方自治体呈现出十分独特的防疫模式。本文尝试探讨的问题为：日本地方自治体在面对突发公共事件时具有怎样的职责，发挥怎样的作用？以日本北海道政府应对新冠肺炎疫情为例，日本地方自治体在此次疫情防控中的特点特征有哪些？该如何评价日本地方自治体的相关防控措施？

一、日本地方公共卫生应急管理体系

公共卫生应急管理在日本一般被称为“健康危机管理”，由厚生劳动省统筹负责。依据《厚生劳动省健康危机管理基本方针》可知，日本对公共卫生应急管理的官方定义为：“厚生劳动省有关对由医药品、食物中毒、传染病、饮用水等其他原因造成威胁国民生命、健康安全的事态所进行的预防、防止扩大和治疗的工作。”[②]目前，日本已形成较为完备的公共卫生应急管理体系，笔者将从法律法规、预案系统、组织结构、运行机制四个方面着手，理清日本地方自治体[③]在该体系中的角色与作用。

（一）法律法规中的职责

涉及地方自治体应对公共卫生事件的法律法规涵盖范围广，内容十分丰富。整体主要分为两大类：一是对人的保健，二是对物的保健。[④] 具体请参照表 1。

---

① 「全国の小中高、3 月 2 日から臨時休校要請」、『日本経済新聞』、2020 年 2 月 27 日、https://r.nikkei.com/article/DGXMZO56131560X20C20A2MM8000.

② 「厚生労働省健康危機管理基本指針」、厚生労働省、https://www.mhlw.go.jp/general/seido/kousei/kenkou/sisin/index.html.

③ 地方自治体，包括日本中央、都道府县和市町村的三层级政府。所谓地方自治制度，是日本都道府县与市町村行政机关的总括。日本地方政府在法律上被称为“地方公共团体”，一般称为“地方自治体”，简称“自治体”。

④ 「地域保健」、厚生労働省、https://www.mhlw.go.jp/stf/seisakunitsuite/bunya/tiiki/index.html.

表 1　　日本地方公共卫生应急管理的法律体系

地方公共卫生应急管理的法律体系	具体内容
《地域保健法》	保障综合推进地方保健对策，保障居民健康
《传染病对策》	《传染病法》《预防接种法》《结核预防法》《狂犬病预防法》《检疫法》
《食品卫生对策》	防止饮食引起的卫生事件，提高公共卫生水平。
《动物卫生健康对策》	包括屠宰场法家禽加工业务条例和家禽家检查法、动物加工相关法律。
《生活卫生相关营业对策》	包括理发法、美容师法、陈列室法、旅馆营业法、公共浴室法、清洁业务法、优化和促进健康卫生业务法、家庭用品有害物质规制法、建筑物卫生环境保障法
《水道对策》	该法旨在通过合理布局水道，系统维护下水道，保障供水。为改善居住环境，提供公共卫生水平提供清洁、丰富和廉价的水资源
《医疗对策》	《医疗法》等，确保国民享受合理的医疗水平
《药事监视、剧毒物品对策》	《药事法》《有毒有害物质取缔法》
《废弃物对策》	有关废弃物处理和清除的相关法律，旨在进行废弃物处理，通过清洁生活环境，保护生活环境和改善公众健康。都道府县、市町村必须制定“普通废弃物处理计划”，进行废弃物收集

资料来源：『地域に置ける健康危機管理について地域健康危機管理ガイドライン』、https://www.mhlw.go.jp/general/seido/kousei/kenkou/guideline/index.html.

以新冠肺炎疫情防控为例，目前日本地方自治体的职责分工主要受两部法律的影响。

1.《传染病预防以及针对传染病患者预防有关法律》

据日本厚生劳动省2020年1月28日向各地方自治体发布的通知可知，新冠肺炎属于日本《传染病预防以及针对传染病患者预防有关法律》（以下称《传染病法》）中指定传染病。那么，根据该法律的规定①，在应对新冠肺炎

① 根据日本厚生劳动省健康局1月28日向地方自治体发布的《有关新型冠状病毒感染症定为指定感染症等政令的实施》可知，新型冠状病毒符合日本《感染症法》第8条第1项（对疑似症患者实用）、第12条（医生的呈报）、第15条（感染症的发生状况、动向以及原因调查）、第17条（健康诊断）、第18条（就业限制）、第19条以及第20条（住院）、第21条（移送）、第22条（出院）、第26条的第3项（检疫体的收取）、第26条的第4项（检疫体的采取）、第27条（被感染症病原体污染场所的消毒）、第28条（老鼠族、昆虫等的驱除）、第29条（物件放置措施）、第30条（尸体的移动限制）、第35条（质问以及调查）、第37条（入院患者的医疗）。

时，日本地方自治体的职责主要包括以下几条：

(1)收集并上报医生呈报的患者信息

医生在诊断出新冠肺炎患者时，需将患者姓名、年龄和性别等具体信息通过最邻近的保健所长呈报给都道府县的知事，同时都道府县知事需要在规定时间内将呈报的信息上报给厚生劳动大臣。此外，若确诊者是管辖区域外的居住者，都道府县知事则需要将呈报信息通报给患者所在区域的都道府县知事。[①]

(2)负责调查传染病发生的状况、动向以及原因

都道府县知事认为必要时，可采取措施预防传染病的发生以及明确传染病发生的状况、动向和原因。为此，应让有关职员询问可能引起传染病发生的动物或者动物尸体的管理者（所有者）等相关人员，或者可以进行必要的调查。[②]

(3)有权劝告患者进行健康诊断

都道府县知事有足够理由怀疑该患者有疑似症状时，可劝告该人员进行健康诊断，或者让该人员的监护人劝告其进行健康检查。若疑似患者不接受有关劝告，都道府县知事可依法请有关人员对其进行健康检查。[③]

(4)有权限制患者就业

都道府县知事在收到新冠肺炎患者的确诊通知后，需要对该人员或其监护人发布厚生劳动省的相关书面通知，并有权要求该患者在无传染风险之前不得从事任何工作。[④]

(5)负责患者医疗事项和承担医疗费

都道府县知事可以劝告传染病患者在特定传染病指定医疗机构或者第一类传染病[⑤]指定医疗机构住院，或者让患者的监护人进行劝告。[⑥] 当确保患者已无病原体的情况下，都道府县知事有权让患者出院。[⑦] 同时，都道府

---

① 『感染症の予防及び感染症の患者に対する医療に関する法律』、第 12 条。

② 『感染症の予防及び感染症の患者に対する医療に関する法律』、第 15 条。

③ 『感染症の予防及び感染症の患者に対する医療に関する法律』、第 17 条。

④ 『感染症の予防及び感染症の患者に対する医療に関する法律』、第 18 条。

⑤ 日本《感染症法》规定的"一类感染症"主要包括：埃博拉病毒、克里米亚－刚果热、天花、南美出血热、瘟疫、马尔堡病、拉沙热。

⑥ 『感染症の予防及び感染症の患者に対する医療に関する法律』、第 20 条。

⑦ 『感染症の予防及び感染症の患者に対する医療に関する法律』、第 22 条。

县需承担确诊患者的医疗费用。①

以上几条为日本《传染病法》所规定的日本地方自治体的主要职责，而新冠肺炎也适用于以上法律条款，适用期间为2020年2月1日到2021年1月31日。②

2.《新型流感等对策特别措施法》

新冠肺炎还被列入《新型流感等对策特别措施法》（以下称《特别措施法》）的法律适用范围内。依据该法可知，日本地方自治体的主要职责分为三个应对阶段：

第一个阶段是新型流感发生的准备期。中央政府应预先针对新型流感等对策制定“政府行动计划”，都道府县制定“都道府县行动计划”。地方自治体行动计划的主要内容包括：都道府县范围内有关新型流感等对策的综合推进、都道府县的应对措施（疫情调查、信息收集、发布合作请求、保障医疗体制、保障本地居民生活和地区经济安定）、市町村以及指定公共机关也需制定相应的行动计划等。③

第二个阶段是新型流感的发生期。都道府县应成立地方政府对策本部，组织协调区域内各相关机构进行地方综合防疫合作。都道府县对策本部部长由都道府县知事担任，其他成员包括副知事、都道府县教育委员会教育局局长、警视总监或都道府县警察本部长、特别区的消防长等相关部门负责人。④

第三个阶段是宣布新型流感等疫情进入紧急状态时期。若内阁总理大臣宣布国家进入紧急状态，中央政府可依法对地方自治体发布指示和请求，地方自治体也可依法对地方民众和相关机构发布指令。同时，作为日本较小地方行政单位的市町村层级政府需要立即设置“市町村对策本部”，统一协调本区域范围内的疫情应对。在该时期，地方自治体的防控措施包括：防止疫情蔓延的措施，例如向所管区域内民众发布减少外出的合作请求、对地方民众进行预防接种；完善医疗体制，例如确保医药品、医疗器材等产品制造与销

① 『感染症の予防及び感染症の患者に対する医療に関する法律』、第37条。

② 「新型コロナウイルス感染症を指定感染症として定める等の政令の一部　を改正する政令等について」、厚生労働省、https://www.mhlw.go.jp/content/10900000/000591611.pdf.

③ 『新型インフルエンザ等特別措置法』、第6～13条。

④ 『新型インフルエンザ等特別措置法』、第14～31条。

售，临时医疗设施的设置，土地临时征用；确保国民生活以及国民经济的安定等措施，例如物资供给、电气天然气和水源的稳定供给、通讯和快递的确保、紧急物资运送、生活关联物资价格稳定等方面。①

（二）预案系统中的分工

日本公共卫生应急管理体系的预案系统主要包括基本方针、实施纲要、行动计划、预防指针四个方面，每个方面都对日本地方自治体的职责有详细的规定。

其一，《厚生劳动省健康危机管理基本方针》指出，在健康危险信息收集过程中，相关部门需设置信息收集窗口，广泛收集和分析信息，充分发挥地方自治体以及相关医疗机构在初步信息收集阶段中的关键作用；在重大突发公共卫生事件爆发集中的地区，在取得厚生劳动大臣的认可后，地方自治体应设置地方对策本部，应对公共卫生事件。②

其二，以《传染病健康危机管理实施纲要》为例，将日本公共卫生应急管理分为常态体制和紧急体制。在常态体制中，地方自治体以及相关医疗机构的主要任务为信息收集与共享；在紧急体制中，地方自治体主要负责设置对策本部、协调组织应对等措施。③

其三，2001 年修订的《地方健康危机管理指导方针》强调了保健所在日本地方公共卫生应急管理体系中的核心作用。在常态体制中，地方保健所需做到：加强事前管理，充分了解各项相关法律法规，提高危机防范意识；根据地区特征把握公共卫生事件发生的潜在风险；准备预防指南手册，确保其有效性；时刻准备非常时期的体制应对，提高应对能力；准备应急器材设备；建立能迅速把握公共卫生事件相关信息的体制，例如设置 24 小时、365 日应对体制，与住民进行广泛交流等。在紧急体制中，地方保健所需做到：完备应对体制、把握正确信息、明确发生原因、保障医疗等，防止危害进一步扩大。具体包括启动紧急应对机制、依法应对、加强信息管理、对被害者和家人以及其他地区住民进行慰问等。此外，地方保健所在实际防控中还需做到四点：一

---

① 『新型インフルエンザ等対策特別措置法』、第 32～61 条。

② 「厚生労働省危機管理基本指針」、厚生労働省、https://www.mhlw.go.jp/general/seido/kousei/kenkou/sisin/index.html.

③ 「感染症健康危機管理実施要領」、厚生労働省、https://www.mhlw.go.jp/general/seido/kousei/kenkou/kansen/index.html.

是防止公共卫生事件的发生；二是公共卫生事件发生时应作好准备；三是公共卫生事件的应对；四是恢复公共卫生事件后的社会生活。[①]

其四，《新型流感等对策政府行动计划》将新型流感从开始到结束细分成不同的时期，在不同时期各级政府的应对政策也不同。当国家判断新型流感已进入国内感染扩大的阶段时，地方自治体的重要性上升。国家、地方公共团体、相关事业者应加强相互合作，为保障充足的医疗资源和维持国民生活进行最大限度的努力，同时也要预想出社会紧张感和各种不稳定事态发生的可能性。日本强调各地方自治体要根据事态的发展和本地区的实际情况，建立都道府县等各层级的新型流感等对策本部，在协商的基础上，进行灵活的政策应对。[②]

（三）组织结构中的角色

日本地方公共卫生应急管理体系的组织结构分为行政组织和事业组织两大类。在行政组织类别中，日本 47 个都道府县中有 44 个设置独立的卫生保健主管部门，例如北海道设置的保健福祉部，包括总务、地区医疗、医务药品、地区保健、国保医疗、食品卫生、地区福祉、设施运营指导、残疾人保健福祉、老年人保健福祉、育儿支援 11 个课[③]。在市町村层级的政府一般设有保健福利课，以大阪府丰中市为例，其设置部门主要为健康医疗部，包括健康政策课、卫生管理课、保健预防课、母子保健课、保险给付、保险资格课、保险收纳课 7 个部门。[④] 都道府县、市町村层级政府内部独立设置的卫生主管部门是地方公共卫生应急管理体系中的主要行政组织。

在事业组织类别中，47 个都道府县均设有都道府县立医院、地方卫生研究所和数目不等的保健所（截至 2019 年 4 月 1 日，日本共计 472 家保健

---

① 「地域における健康危機管理について～地域健康危機管理ガイドライン～」、https://www.mhlw.go.jp/general/seido/kousei/kenkou/guideline/index.html.

② 「新型インフルエンザ等対策政府行動計画等」、内閣官房、https://www.cas.go.jp/jp/seisaku/ful/keikaku/pdf/h29_koudou.pdf.

③ 北海道ホームページ、http://www.pref.hokkaido.lg.jp/hf/index.html.

④ 「組織と業務案内」、豊中市ホームページ、https://www.city.toyonaka.osaka.jp/joho/kakubu/index.html.

所[①]；市町村则设立小规模的医院或诊所以及日本最基层的公共卫生机构——市町村保健中心，具体请参照图1。

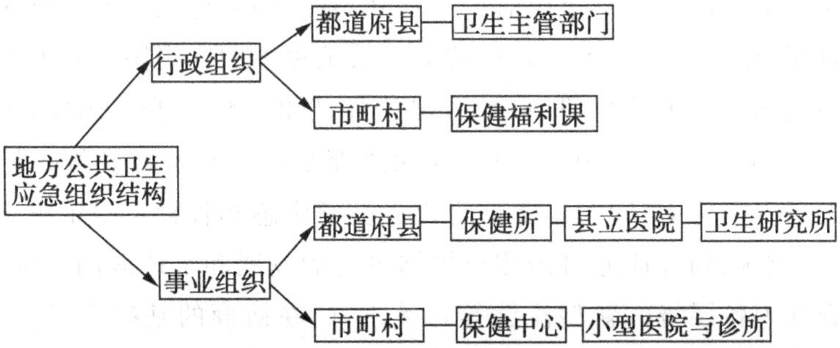

图1　日本地方公共卫生应急管理体系的组织结构

1. 日本地方公共卫生应急管理体系的中枢机构——保健所

在日本地方疫情防控中发挥中枢作用的医疗机构是保健所。1937年，依据《保健所法》，日本在各地区设置保健所。1938年日本设立厚生省，分管保健所，原则上每10万人口中应设置1家保健所。[②] 依据《地域保健法》，在日本都道府县、指定都市、中核市、特别行政区等均需设置保健所。[③] 根据《地方健康危机管理指导方针》可知，日本政府要求保健所作为专职的、技术的公共卫生行政组织必须在应对突发公共卫生事件中发挥核心作用。[④]

2. 日本地方公共卫生应急管理体系的科研机构——地方卫生研究所

日本地方卫生研究所作为都道府县或指定都市的科研机构，负责专业技术研究。其主要业务包括进行各类实验和检查，收集、解析和提供公共卫生信息，组织调查研究和研修指导活动，培养面对突发公共卫生事件的专业技术性人才。总体来看，日本地方卫生研究所的主要业务分为两个部分，一个是检查、研究、研修专门技术业务，另一个重要业务是情报机能，包括公众卫生信息的收集与解析（每个地方卫生研究所都会设置情报中心，负责信息收

① 「設置主体別保健所数」、健康局健康課地域保健室、https://www.mhlw.go.jp/content/10900000/000497096.pdf.

② 「保健所」、https://kotobank.jp/word/保健所－132862.

③ 『地域保健』、厚生労働省、https://www.mhlw.go.jp/stf/seisakunitsuite/bunya/tiiki/index.html.

④ 「地域における健康危機管理について～地域健康危機管理ガイドライン～」、https://www.mhlw.go.jp/general/seido/kousei/kenkou/guideline/index.html.

集），应对突发公共卫生事件和提供专家智囊团。具体请参照图 2。

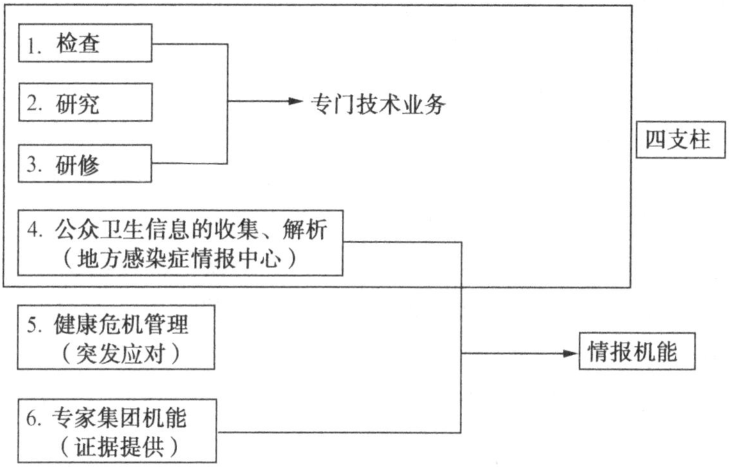

图 2　日本地方卫生研究所的业务构成

资料来源：小澤邦寿、「地方衛生研究所の現状と課題～健康危機管理の面から～」、https://www.mhlw.go.jp/stf/shingi/2r9852000001tk4r—att/2r9852000001tk9x.pdf.

此外，日本地方卫生研究所还为现场防疫负责人专业素养的培养与提升提供了一个有效的平台。在把握事件的起因、预测可能引起的公共卫生事件、思考应对等方面，防疫手册无法应对，而现场负责人的临场反应能力和专业素养至关重要。为此，日本政府认为培养专业防疫人才、提高应对能力是最省力省钱的办法。具体请参照图 3。

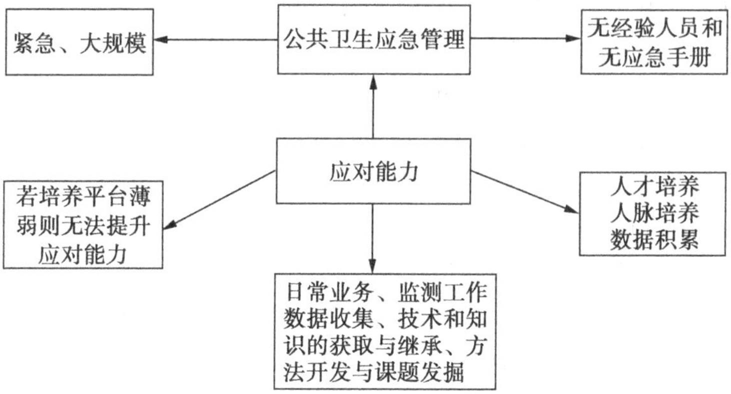

图 3　日本地方卫生研究所对应对能力的培养

3. 日本地方防疫的基层组织——市町村保健中心

日本市町村层级政府设置保健中心，其作为日本地方公共卫生应急管理体系的最小地方公共卫生机构，是以对住民进行必要的健康咨询、保健指导和健康诊查等地方保健相关为主要业务的医疗设施。[①] 截至 2017 年 4 月 1 日，日本全国共计有 2456 家保健中心。保健中心与保健所的功能与业务不同，保健所主要承担广域的和专门的保健服务，而保健中心则对住民提供直接免费的、身边的保健服务，更为贴近住民的日常生活。

总之，由各级地方政府卫生主管部门组成的纵向行政组织系统，由保健所、卫生研究所、保健中心等医疗保健机构组成的横向事业组织网络，集预防保健、健康推进、卫生监督、信息收集、人才培养、技术研发、数据积累等多项业务为一体，构成了完备的地方公共卫生应急管理体系的组织结构。

（四）运行机制中的作用

依据《地方健康危机管理指导方针》可知，在突发公共卫生事件时，日本地方自治体需要联合地方保健所迅速做到成立应对体制、把握正确的信息情报、究明原因、完善医疗体制。具体来看：

一是要成立应急体制。地方自治体知事应明确政府内部不同部门的职责分工，完善指挥命令系统，成立各部门横向应急体制。不管是否为已确认的信息，也不管是否在工作时间，第一报告者都需要迅速向保健所长和所内相关部门科长进行联络，由保健所判断是否进入紧急体制。对于特别重大的信息，保健所所长应直接向政府卫生主管部门负责人报告，避免传达遗漏或滞后的问题。在公共卫生事件发生后，保健所或都道府县政府应向现场派遣职员，进行系列调查。加强与医师会、医疗机构、警察、消防、地方卫生研究所、日本中毒信息中心、教育委员会、红十字会、自卫队等相关机构的联合，同时积极听取专家意见等，以减少疫情对住民健康、生活、社会秩序的影响。

二是依法应对。在日本各项公共卫生应急管理相关的法令中，针对各种应急情况，对临时检查、调查、监测和防止灾害扩大的相关措施具有明确和详细的规定。地方自治体需要依据相关法律制定对策与措施，做到依法防疫。

三是加强信息管理。保健所需对受害情况、原因、应对状况、医疗机构提供的信息进行收集，实施现场调查，同时实施信息一元化管理、分析和判断体

---

① 『地域保健法』、第 6 条。

制。在突发公共卫生事件爆发后，保健所需要将收集的信息和应对措施及时向都道府县政府部门汇报，直到事件平息后也需进行定期汇报。同时，都道府县将设置专门的宣传负责人，应对媒体取材，实施窗口一体化应对体制。活用媒体、网络等渠道发布信息，设置电话或面对面咨询窗口，确保对民众信息公开。

四是对患者以及家属、其他地区住民的应对。地方自治体的疫情防控以保健所为重要据点，进行信息收集、应对方针制定、联络调整等指挥和监督业务。组建救护队或巡逻健康咨询队，对住民或患者提供保健服务。例如预防知识的科普、饮用水或食品安全的确认等。①

总之，日本的地方公共卫生应急管理体系较为完备，具有丰富的法律体系和科学的预案系统、缜密的组织结构和高效的运行机制，在国内疫情扩散的中后期地方自治体发挥主导作用。

二、以北海道应对新冠肺炎疫情为例

在日本国内新冠肺炎疫情扩散前期，与其他都道府县相比，北海道地区感染情况较为严重。2 月 28 日，北海道知事率先宣布进入紧急状态，呼吁民众减少外出。3 月 18 日，北海道知事宣布自 19 日起开始解除紧急状态，并称北海道已经控制住疫情，接下来将进入防疫与复工复产并举的新阶段。然而随着疫情形势的变化，4 月 16 日北海道被列入“特别警戒都道府县”之一，在解除紧急状态 26 天后再度宣布进入紧急状态。北海道作为曾经日本地方自治体防疫的典范，被迫两次宣布进入紧急状态。那么，北海道政府在前期是如何应对新冠肺炎疫情的？宣布紧急状态后又有怎样的政策动向？

（一）启动应急体制，协调部门合作

2020 年 1 月 28 日北海道成立“北海道传染病危机管理对策本部”，召开第一次本部会议。结合至今为止北海道所召开的对策本部会议内容，可看出其应对政策的走向，具体请参照表 2。

---

① 「地域における健康危機管理について～地域健康危機管理ガイドライン～」、https://www.mhlw.go.jp/general/seido/kousei/kenkou/guideline/index.html.

表 2　　北海道传染病危机管理对策本部

日期	本部会议	应对政策
1月28日	第1次	启动预案：预想出现确诊患者后国家与北海道的应对措施。加强政府保健福祉部、地方医疗机构、保健所、旅馆、国立传染病研究所、厚生劳动省等相关部门的合作，主要业务包括信息共享、检测、治疗、行动轨迹调查、住院隔离等。①
1月31日	第2次	向北海道全体住民发布通知，公布疑似症状特征以及预防对策，呼吁民众冷静应对；北海道向国家提出"新冠肺炎紧急请求书"，要求完善对国民和北海道住民的信息提供以及咨询体制、明确医生的呈报标准、确保医疗体制的财政支持。②
2月7日	第3次	为防止疫情扩大而采取多方措施，包括实施口岸对策、发布信息以引起社会注意、启动紧急应对体制、实施中小企业扶持与旅游业对策。③
2月14日	第4次	发布确诊患者的相关情况。
2月19日	第5次	发布札幌市确诊患者相关情况。
2月21日	第6次	发布确诊患者的相关情况。
2月25日	第7次	在"北海道传染病危机管理对策本部"下设置"新冠肺炎对策队"④。国立传染病研究所聚集性对策班⑤向北海道派遣专家队伍，对"新冠肺炎对策队"进行传染病专业和技术支援。⑥

① 「新型コロナウイルス関連肺炎への対応について」、北海道感染症危機管理対策本部、http://www.pref.hokkaido.lg.jp/hf/kth/kak/singatakoronahaienkaigisiryou6.pdf.

② 「新型コロナウイルス感染症に関する緊急要望書」、北海道感染症危機管理対策本部、http://www.pref.hokkaido.lg.jp/hf/kth/kak/singatakoronahaienkaigisiryou07.pdf.

③ 「新型コロナウイルス感染症への道の対応について」、北海道感染症危機管理対策本部、http://www.pref.hokkaido.lg.jp/hf/kth/kak/singatakoronahaienkaigisiryou007.pdf.

④ 北海道"新冠肺炎对策队"以保健福祉部长为队长，实施五班体制：总务班、广告班、医疗体制班、保健活动班、咨询应对班，分工合作。

⑤ 日本为应对新冠肺炎的聚集性传染问题，中央政府成立聚集性传染对策班，由国内知名传染病专家组织组成，加强与地方自治体（有聚集性传染病例）的合作。主要业务包括：聚集性传染事件的早期了解、派遣专家队、收集分析数据、探讨应对政策。

⑥ 「厚生労働省による国立感染症研究所の専門家チームの派遣について」、北海道感染症危機管理対策本部、http://www.pref.hokkaido.lg.jp/hf/kth/kak/singatakoronahaienkaigisiryou022504.pdf.

续表

日期	本部会议	应对政策
2月28日	第8次	发布"紧急状态宣言",呼吁民众减少外出。①
3月3日	第9次	2月29日北海道自治体向中央政府提出"请求书",希望中央政府设置北海道为"重点对策地区",在强化检测体制、完善治疗和咨询体制、全力抑制感染扩大等方面请求国家担负责任并提供必要的财政支援。② 中央政府决定依据北海道的请求对其进行全面支援,例如强化检测能力、将PCR检测归入保险适用范围、向地方保健所派遣专家等。③
3月10日	第10次	伴随新冠肺炎带来的经济影响,发布应对措施。④
3月18日	第11次	道立设施休馆时间延长。⑤
3月24日	第12次	发布新冠肺炎应对的紧急对策,预算规模达842亿日元。对策内容包括:(1)防止感染扩大与强化医疗体制,完善PCR检查体制,支援医疗必备设备,防止儿童和易重症化人群感染扩大,发布安全安心的信息通告。(2)缓和对地区经济和道民生活的影响。强力支援中小规模企业运营与雇佣,在降低感染风险的基础上进行经济活动支援,预防感染的同时呼吁积极消费,应对学校停课带来的新问题等。⑥

资料来源:笔者据北海道政府官网公开的"传染病危机管理对策会议"的具体内容整理得出。

① 「新型コロナウイルス緊急事態宣言」、北海道感染症危機管理対策本部、http://www.pref.hokkaido.lg.jp/hf/kth/kak/singatakoronahaienkaigisiryou0228040.pdf.

② 「新型コロナウイルス感染症への対応に関する緊急要望」、北海道感染症危機管理対策本部、http://www.pref.hokkaido.lg.jp/hf/kth/kak/singatakoronahaienkaigisiryou02030302—1.pdf.

③ 「国における緊急要望への対応状況」、北海道感染症危機管理対策本部、http://www.pref.hokkaido.lg.jp/hf/kth/kak/singatakoronahaienkaigisiryou02030302—2.pdf.

④ 「新型コロナウイルス感染症に伴う道内経済への影響に向けた道の対応」、北海道経済部、http://www.pref.hokkaido.lg.jp/hf/kth/kak/singatakoronahaienkaigisiryou023108.pdf.

⑤ 「道立施設の休館の延長について」、北海道感染症危機管理対策本部、http://www.pref.hokkaido.lg.jp/hf/kth/kak/singatakoronahaienkaigisiryou031802.pdf.

⑥ 「新型コロナウイルス感染症に関する緊急対策」、北海道感染症危機管理対策本部、http://www.pref.hokkaido.lg.jp/hf/kth/kak/singatakoronahaienkaigisiryou03244.pdf.

截至3月24日，北海道政府召开12次“传染病危机管理对策会议”，其主要措施包括：(1)在早期应对时期，北海道政府启动各项预案系统，以政府福利保健课为主导部门，联合地方医疗机构、保健所、地方卫生研究所等相关部门，共同应对疫情。(2)最大程度地减少疫情对民众生活和社会经济的影响。(3)随着疫情不断升级，北海道政府发布紧急状态宣言，同时向中央政府请求支援，获得国家重点支援地区资格。截至3月19日，北海道已宣布解除紧急状态，并且在继续加强疫情防控的同时，逐步恢复社会经济活动。(4)听从中央指令，再次进入紧急状态。北海道政府依据《特别措施法》修正案①重设对策本部。同时，地方自治体对地方公共机构、住民等的请求与号召具有法律效应。4月17日，北海道公布紧急状态措施，强烈要求民众减少外出。②

(二)发布实时信息，保证疫情状况透明

在新冠肺炎疫情应对中，北海道政府坚持信息及时沟通与共享，稳定民心。具体措施包括：

第一，及时发布预警，引起各部门注意。在1月28日新冠肺炎被日本列为“指定传染病”后，北海道保健福祉部通过道立保健所，向各医疗机构发布发生时的应对通知，包括关于作为指定传染病的呈报标准、检察体制应对等。同时，北海道政府向地区住民发布信息，引起注意。例如，通过网站向民众发布信息，开通夜间电话、设置新冠肺炎提问板、制造面向民众的宣传单(发布咨询、受诊的标准)；全面通知旅馆设施、餐饮店、娱乐设施提高防范意识，同时依赖北海道外国人咨询中心向外国人发布通知。③

第二，加强信息收集，推动多部门合作。在疫情前期，北海道政府加强各相关部门的信息共享，涉及部门包括北海道保健福祉部、保健所、医疗机构、

---

① 依据《特别措施法》第22条可知，当中央政府成立对策本部时，都道府县知事也需依据“都道府县行动计划”立刻成立“都道府县对策本部”，综合推进各项防疫措施，同时有权对相关机构发布强制性指示和请求。

② 『「新型コロナウイルス感染症」の感染拡大防止のための「北海道」における緊急事態措置』、北海道感染症危機管理対策本部、http://www.pref.hokkaido.lg.jp/hf/kth/kak/singatakoronahaienkaigisiryou0204177.pdf.

③ 「新型コロナウイルス感染症について」、北海道感染症危機管理対策本部、http://www.pref.hokkaido.lg.jp/hf/kth/kak/singatakoronahaienkaigisiryou023101.pdf.

地方卫生研究所等，加强对确诊患者及其密切接触者的行动轨迹调查等。[①]

第三，召开知事记者会，定期公开疫情现状。自2月17日开始，北海道政府定期召开针对北海道新冠肺炎疫情的“知事记者会”，并将会议内容公布在政府官网。会议内容主要包括发布北海道确诊患者人数、情况以及相关政府重要政策通知。例如2月28日，北海道知事发布“新冠肺炎紧急状态宣言”[②]。

第四，公布会议内容，政府政策透明化。北海道政府将对策本部会议内容以及会议资料、会议记录都做到公开化、透明化，使民众和社会各行各业能够及时把握政府应对政策的动态与走向，做好准备。

（三）重视民众自我防护，将防疫职责推及个人

依据日本《传染病法》可知，做好自我防范，掌握正确的相关知识，不侵害患者人权是国民在应对突发公共卫生事件时的重要职责。[③] 北海道政府通过网站信息和各类宣传传单积极提高民众的防范意识，科普预防知识，促进民众养成良好的卫生习惯和令行禁止的基本素养，做到科学防范。

目前，北海道再次宣布进入紧急状态，其防控政策主要包括以下几个方面：首先，基本目标为优先“守护民众的生命与生活”，防止感染扩大，同时也需要将对社会经济的影响降到最低；其次，北海道政府将按照“紧急应对期”“防止感染扩大与社会经济活动对立期”“V字恢复期”三个阶段来推进政策；最后，北海道未来政策方向为：(1)在各领域实施防止感染扩大的措施，促进民众社会生活行为的改变。(2)在保健、医疗和福祉领域，完善咨询、检查和医疗体制，守护民众健康。(3)在经济和雇佣领域加强财政支援。(4)在教育和生活领域，降低学校感染的风险。[④] 再次宣布进入紧急状态后的北海道能否成功遏制疫情扩散还有待观察。

---

① 「新型コロナウイルス感染症に対する道の対策について」、北海道感染症危機管理対策本部、http://www.pref.hokkaido.lg.jp/hf/kth/kak/singatakoronahaienkaigisiryou7.pdf.

② 「新型コロナウイルス緊急事態宣言」、知事記者会見、http://www.pref.hokkaido.lg.jp/hf/kth/kak/kinnkyuuzitaisengenn0228.pdf.

③ 『感染症の予防及び感染症の患者に対する医療に関する法律』、第4条。

④ 「北海道における新型コロナウイルス対策の展開方向」、北海道ホームページ、http://www.pref.hokkaido.lg.jp/ss/ssa/tenkaihoukou.pdf.

三、对日本地方自治体应对新冠肺炎疫情的评价

（一）可借鉴之处

第一，从中央与地方的关系上看，日本地方自治体拥有更多自主权。根据日本宪法第八章对日本地方自治的法律规定可知，地方自治的基本宗旨是尊重地方自主权。在新冠肺炎疫情应对中，日本地方自治体会根据本地区实际情况并结合疫情发展态势有针对性地、因地制宜地展开防控工作，更具灵活性。例如，在安倍晋三尚未宣布国家进入紧急状态时，北海道依据本地实际情况率先提出进入紧急状态，在疫情扩散的前期有很好的遏制作用。

第二，在应对突发公共卫生事件时，日本地方公共卫生应急管理体系较为独立。现场负责人能够根据情况变化作出专业判断，对症下药。同时，纵向政府行政单位与横向相关医疗机构的合作，能够形成较为缜密的地方公共卫生应急管理体系，联合应对。例如，日本地方医疗机构保健所在地方自治体应对新冠肺炎疫情中发挥前线作用，设置咨询热线、运输患者样本等业务有效防止了患者拥挤在医院进行检测。

第三，将传染病预防责任推及民众个人。为避免新冠肺炎带来的医疗体制崩溃和社会混乱的局面，提高民众的防疫意识和普及防护知识是地方自治体的责任。依据日本《传染病法》可知，科学防护和遵守政策规定是政府对民众个人的基本要求。

（二）不足之处

随着近期日本确诊人数攀升，日本地方公共卫生应急管理体系的诸多弊端也开始暴露。

第一，地方自治体各自为政，中央政府缺乏强制力。1947 年 5 月 3 日，日本颁布新宪法，地方自治被写进宪法之中。[①] 战后的日本宪法是日本地方自治的基本依据，宗旨是保障地方住民的参政权和培育地方政府的自治权。依据宪法第八章“地方自治”的基本内容可知，地方自治体知事、议会议员以及

---

① 「地方自治体について知ろう！種類と役割」、自治体クリップ、https://clip.zaigenkakuho.com/chiho_jichitai_shurui/.

法律规定的其他官员，均由地方自治体所在地住民直接选举产生。① 因此，日本地方自治体具有独立性，只对选民负责，而不是对中央政府负责。日本地方自治体在进行疫情应对时具有一定的灵活性和自主性，但在面对突发性大规模传染病蔓延时，中央政府只有号召力而没有强制力，日本缺乏集中国家力量联合防疫的政治机制，势必会影响整体的疫情防控。

第二，医疗体制承载能力有限、保健所人手不足、相关医疗机构运转不堪重负、核酸检测条件严格、检测程序繁琐等原因，导致检测力度不够。为防止医疗资源的过度消耗和浪费，避免医疗体制崩溃，日本政府实施治疗重症患者、轻症患者居家隔离的方针。这一方面可能会为轻症患者病情恶化带来风险，例如近期日本媒体爆出有诸多轻症隔离患者在家中去世的案例；另一方面由于检测力度不足，排查范围过小，导致仍有大量未确诊感染者存在，威胁易感人群。正如伦敦国王学院教授涩谷健司(Kenji Shibuya)所表示的："从北海道吸取的主要教训是，即使你一开始就成功控制住了病毒，也很难长期隔离和保持控制。除非扩大检测能力，否则很难确定社区传播和医院传播。"②

第三，法律对个人外出没有强制性，抱有侥幸心理的民众依然频繁外出，这会带来更大的感染风险。日本政府呼吁国民避开"三密"，即密闭空间、密集人流、亲密接触，最大限度地避免集团感染问题的发生。③ 但政府的呼吁或请求没有法律的约束力，因为依据日本《特别措施法》可知，地方自治体能够依法要求民众避免外出、学校停课以及娱乐设施停业等，但没有强制性。同时，该法还强调了对基本人权的尊重。这就导致中央政府以及地方自治体无法强行限制国民的人身自由，为从根本上抑制疫情蔓延带来了困难。

总之，自新冠肺炎在日本境内出现以来，日本中央政府根据传染病传播阶段采取了不同的措施。在疫情防控的中后期，日本地方自治体逐渐发挥疫情防控的主力军作用，展现出了与中国完全不同的防疫模式。日本依据本国国情推出了独特的"日本模式"。曾在2003年创下非典SARS零感染、零死亡成绩的日本，能否度过新冠肺炎的"劫难"？还需静观其变。

---

① 『日本国憲法』、衆議院、昭和21年、http://www.shugiin.go.jp/internet/itdb_annai.nsf/html/statics/shiryo/dl-constitution.htm#8sho.

② 《英媒：日本北海道再次进入紧急状态　防疫"优等生"称关注焦点》，新浪新闻，2020年4月17日，http://news.sina.com.cn/w/2020-04-17/doc-iircuyvh8402173.shtml.

③ 「国民の皆さまへ(新型コロナウイルス感染症)」、厚生労働省、https://www.mhlw.go.jp/stf/seisakunitsuite/bunya/0000121431_00094.html.